Philip Kiefer

iPhone – Tipps und Tricks zu iOS 26

Markt+Technik

ISBN 978-3-98810-088-7

Espenpark 1a
90559 Burgthann

Produktmanagement Christian Braun, Burkhardt Lühr
Lektorat, Herstellung Jutta Brunemann
Covergestaltung David Haberkamp
Coverfotos © Rifai_art – Adobe Stock; Tanja Binder
Druck mediaprint solutions GmbH, Paderborn
Printed in Germany

Inhaltsverzeichnis

1. Viel mehr rausholen aus Ihrem iPhone mit iOS 26

Im Jahr 2007 wurde das erste moderne Smartphone mit Multitouch-Display geboren. Damals stellte Apple-Mitgründer Steve Jobs (1955–2011) in San Francisco der Öffentlichkeit das erste iPhone vor. In Deutschland war es ab dem 9. November 2007 erhältlich. Seitdem haben das iPhone und andere Smartphones unseren Alltag grundlegend verändert. Personen, die an der Supermarktkasse oder beim Warten an der Bushaltestelle mehrmals ihre Mitteilungen checken, oder solche, die mit der einen Hand einen Kinderwagen schieben und mit der anderen gebannt aufs Smartphone blicken, gehören inzwischen längst zum gewohnten Bild.

Diese Abbildung zeigt ein iPhone Air mit dem Betriebssystem iOS 26. (Bildquelle: Apple)

Jedes Jahr bringt das amerikanische Unternehmen Apple neue iPhone-Modelle auf den Markt – mit schnellerem Chip, verbesserter Kamera und neuen praktischen Funktionen. Die iPhone-Kamera genügt mittlerweile selbst professionellen Ansprüchen.

Auch das iPhone-Betriebssystem iOS wird jährlich runderneuert, wobei es auch zwischendurch immer wieder mal kleinere Updates gibt. Im Zuge der Veröffentlichung des iPhone 17, des iPhone Air, des iPhone 17 Pro sowie des iPhone 17 Pro Max wurde iOS 26 eingeführt.

Diese iOS-Version ist von Apple am 9. Juni 2025 erstmals der Öffentlichkeit präsentiert worden und wurde am 15. September 2025 veröffentlicht.

Die vorherige iOS-Version war iOS 18, nun also iOS 26. Warum dieser Sprung? Nun, das ist lediglich darauf zurückzuführen, dass Apple die Zählweise geändert hat. Während iOS 18 sich auf die 18. iPhone-Generation bezog, steht iOS 26 für das Jahr 2026, also das Jahr, in dem das iPhone-Betriebssystem hauptsächlich genutzt wird.

Das aktuelle iPhone-Betriebssystem lässt sich auf allen iPhone-Modellen installieren, die ab dem Jahr 2019 eingeführt wurden – also ab dem iPhone 11 bzw. dem iPhone SE der 2. Generation (Modelljahr 2020). Nutzer früherer Modelle bleiben außen vor, können ihr iPhone aber weiterhin mit einer älteren iOS-Version verwenden.

Sofern Sie iOS 26 noch nicht installiert haben

Haben Sie iOS 26 bisher noch nicht installiert, öffnen Sie auf Ihrem iPhone die *Einstellungen*, wählen dort den Eintrag *Allgemein* und entscheiden sich schließlich für *Softwareupdate*. Die jeweils neueste Aktualisierung wird Ihnen nun zur Installation angeboten.

Ich selbst bin seit vielen Jahren begeisterter iPhone-Nutzer. Mein erstes iPhone war das iPhone 3GS, das im Sommer 2009 auf den Markt kam. Seit dem Jahr 2010 – damals ist gerade das iPhone 4 erschienen – veröffentliche ich regelmäßig Bücher über die neuesten iPhones und das jeweils aktuelle iOS. Sie können sich denken, dass sich in diesem Zeitraum eine Menge an Kenntnissen und Erfahrungen angesammelt hat. In diesem Buch möchte ich gern einige davon mit Ihnen teilen.

In den folgenden Kapiteln erhalten Sie zahlreiche Tipps und Tricks aus meiner langjährigen iPhone-Praxis. Einen Schwerpunkt möchte ich dabei auf die Neuerungen in iOS 26 legen. Aber ich stelle Ihnen auch eine Menge Altbewährtes vor, das noch nicht jedem iPhone-Nutzer vertraut ist, das Ihnen aber äußerst nützlich sein kann.

Einige der in diesem Buch vorgestellten Funktionen sind an die Hardware gebunden und stehen nur auf den neueren iPhone-Modellen zur Verfügung, das betrifft z. B. die Apple-Intelligence-Funktionen. Die Mehrzahl der anderen Funktionen kann aber auf jedem iPhone mit iOS 26 verwendet werden.

Im Folgenden gehe ich davon aus, dass Sie Ihr iPhone bereits in Betrieb genommen haben und auch mit den grundlegenden Bedienfunktionen vertraut sind. Falls Ihnen die Basics noch nicht geläufig sein sollten, verweise ich Sie gern auf meine ebenfalls bei Markt+Technik erhältliche Einführungslektüre zur jüngsten iPhone-Generation.

iOS 26 – die Neuerungen auf einen Blick

Das iPhone-Betriebssystem iOS 26 bringt im Vergleich zu den Vorgängerversionen ein neues Design mit. Apple nennt das Design »Liquid Glass« (auf Deutsch »flüssiges Glas«). Es beinhaltet viele transparente Elemente, adaptive Anpassungen, dynamische Steuerelemente sowie zusätzliche Animationen auf dem Display. An manchen Stellen macht es Inhalte leider etwas unübersichtlicher, aber Sie werden in diesem Buch auch erfahren, wie Sie die Effekte des Liquid-Glass-Designs etwas abmildern können.

Auch in Sachen künstliche Intelligenz hat sich Nennenswertes getan. Die KI-Funktionen von Apple Intelligence wurden 2024 eingeführt und mit iOS 26 deutlich erweitert. Apple Intelligence steht allerdings nur auf bestimmten iPhones zur Verfügung, nämlich dem iPhone 15 Pro und dem iPhone 15 Pro Max, allen iPhone-16-Modellen sowie allen iPhone-17-Modellen (das iPhone Air wird hier dazugezählt).

Dank einer KI-gestützten Live-Übersetzung können Sie nun auch Konversationen mit anderssprachigen Personen folgen, sei es während des Austausches von Nachrichten oder während eines Telefongesprächs. Zu Beginn steht die Live-Übersetzung für die Sprachen Englisch, Französisch,

Deutsch, Portugiesisch und Spanisch zur Verfügung. Ende 2025 kommen Italienisch, Japanisch, Koreanisch und vereinfachtes Chinesisch hinzu. Zukünftig dürften noch weitere Sprachen folgen.

Ebenfalls spannend: Mit dem in iOS 26 erweiterten KI-Feature »visuelle Intelligenz« können Sie zusätzliche Informationen zu Bildschirminhalten erhalten, aber auch nach bestimmten Inhalten, die auf dem Display angezeigt werden, direkt suchen. Auch der KI-Anbieter ChatGPT kann zu den Inhalten befragt werden. Ein praktisches Anwendungsbeispiel wäre, von der KI eine auf dem Display angezeigte Schlange bestimmen zu lassen.

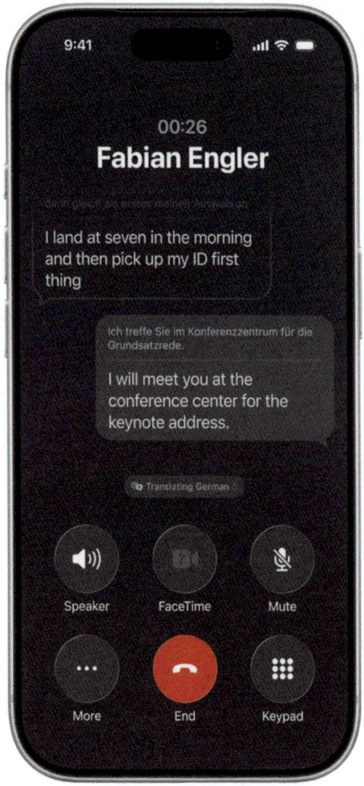

Mit Apple Intelligence können Sie das Gesprochene während eines Telefonats live übersetzen lassen. (Bildquelle: Apple)

Übrigens lassen sich die KI-Funktionen nun auch als Kurzbefehle anlegen. So können Schreibtools (zum Umformulieren, Umformatieren oder Zusammenfassen von Texten), Image Playground (zum KI-gestützten Erstellen und Zusammenmischen von Bildern) und weitere Features der Apple Intelligence durch einen von Ihnen gewählten Kurzbefehl angestoßen werden. Auch in diesem Fall lässt sich ChatGPT verwenden, etwa um Wissensfragen ausführlich beantworten zu lassen. Auch das Erstellen von Genmojis – KI-gestützten Emojis – wurde erweitert. Die Genmojis können Eigenschaften von Personen in der Fotomediathek übernehmen, etwa einen Bart oder eine Frisur. Auch die Gesichtsausdrücke können gewählt werden, und mehrere verschiedene Emojis lassen sich zu einem Genmoji mischen.

Änderungen gibt es in iOS 26 in der Kamera- und Fotos-App. Nicht nur das Kamera-Symbol wurde geändert, sondern auch das Design der Kamera-App selbst. Zunächst werden nur noch die Modi *Foto* und *Video* angezeigt, weitere Modi werden erst durch horizontales Streichen eingeblendet. Auch der Zugriff auf Kameraoptionen wie Blitz, Timer und Co. erfolgt nun auf andere Weise. Aber dazu mehr in Kapitel 8. Praktisch: Das iPhone meldet automatisch, wenn die Linse verschmiert ist und gereinigt werden sollte – das merkte man sonst oft erst, nachdem eine Aufnahme bereits getätigt wurde.

Die Foto-Mediathek in der App *Fotos* wurde wieder einmal neu organisiert und lässt sich im Hinblick auf die Sammlungen auf unterschiedliche Weise anpassen. Neu ist außerdem, dass Konzerte und Sportveranstaltungen automatisch erkannt werden und Details zum jeweiligen Ereignis angezeigt werden können.

Diese Abbildung zeigt die Kamera-App auf einem iPhone 17 Pro. (Bildquelle: Apple)

Hinsichtlich der Kommunikation hat iOS 26 einige nützliche Kontrollfunktionen im Angebot. Bei Nachrichten lassen sich unbekannte Absender überprüfen und in einen eigenen Bereich verschieben. In einer Chat-Gruppe lassen sich nun Abstimmungen durchführen. Auch die Hintergründe von Konversationen lassen sich anpassen. Für Anrufe lassen sich Anruffilter nutzen. Zudem wurde eine »Warteschleifenassistenz« eingeführt – Sie erhalten damit einen Rückruf, wenn ein besetzter Gesprächspartner wieder verfügbar ist.

Ebenfalls verbessert wurde der Schutz von Kindern und Jugendlichen. Eingeführt wurden Kommunikationsanfragen, bei denen Kinder ihre Eltern zunächst um eine Genehmigung bitten müssen, bevor sie mit neuen Anrufern kommunizieren wollen. Nacktheit wird jetzt auch in FaceTime-Anrufen und geteilten Alben erkannt. Eltern können außerdem festlegen, ob Kinder in Drittanbieter-Apps ihre Altersgruppe mitteilen dürfen, um auf altersgerechte Inhalte zugreifen zu können. Eine weitere wichtige Verbesserung: Ein bereits bestehender Apple Account lässt sich mit wenigen Fingertipps in einen Kinderaccount umwandeln.

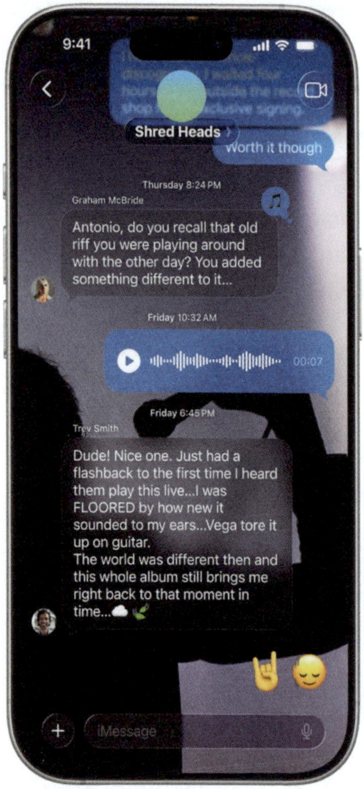

Konversationen lassen sich nun mit Hintergründen individuell gestalten. (Bildquelle: Apple)

Die Videotelefonie-App *FaceTime* hat eine neue Startseite erhalten. Neu ist zudem, dass während eines Audio- oder Videotelefonats Aufnahmen in hoher Qualität getätigt werden können. Das ist etwa sinnvoll, wenn Sie mit dem iPhone Interviews für einen Podcast aufzeichnen. Die Audio-Eingabeauswahl kann über das Kontrollzentrum erfolgen.

Vollständig neu in iOS 26 ist die App *Spiele*. Verwalten Sie darin alle Ihre iPhone-Games. Sie können darin auch Freunde herausfordern und Punktestände in Echtzeit verfolgen. Das bereits 2010 eingeführte Game Center wurde also in die App integriert. Ebenfalls komplett neu ist die App *Vorschau*, zumindest auf dem iPhone. Denn auf dem Mac gibt es die Vorschau bereits eine gefühlte Ewigkeit. Auf dem iPhone wurde sie nun mit iOS 26 eingeführt. Die App dient auf dem iPhone insbesondere dem Anzeigen, »Scannen« und Bearbeiten von PDF-Dateien.

In Sachen Bedienungshilfen bietet ein Reader mehr Anpassungsmöglichkeiten für Schrift, Farbe, Zeilenabstand und Co. Ein Braillezugriff erlaubt eine einfache Verbindung mit einem Brailledisplay. Zudem wird nun auch im App Store angezeigt, welche Bedienungshilfen in den jeweiligen Apps angeboten werden.

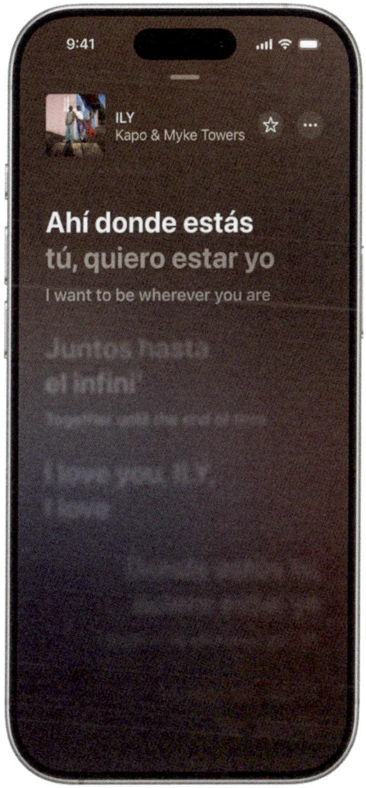

Ihr iPhone übersetzt fremdsprachige Songtexte, auch wenn Sie manchmal lieber nicht wissen möchten, was da eigentlich gesungen wird. (Bildquelle: Apple)

Hören Sie in der App *Musik* fremdsprachige Lieder, können Sie die übersetzten Songtexte ansehen sowie eine Hilfe für die Aussprache erhalten. Die neue Funktion *AutoMix* liefert wie ein DJ eine kontinuierliche Wiedergabe Ihrer Playlist, allerdings nur, wenn Sie Apple Music abonniert haben. Ihre wichtigsten Playlists, Alben oder Titel können Sie oben in der Mediathek anpinnen, um schneller darauf zuzugreifen.

Und iOS 26 bringt noch viele kleinere Neuerungen auf das iPhone, etwa eine Anzeige auf dem Sperrbildschirm, wie lange es noch dauert, bis der Akku aufgeladen ist. Die Funktion »adaptive Leistung« erfasst Ihren typischen Stromverbrauch und nimmt automatische Anpassungen vor, damit der Akku möglichst lange durchhält.

Wenn Sie in Ihrem Auto CarPlay verwenden, dient eine Tapback-Funktion dazu, auch während des Fahrens auf Nachrichten reagieren zu können. Die App *Karten* kann sich Ihre häufig besuchten Orte merken und die Routen dorthin optimieren, etwa von Ihrer Wohnung zum Arbeitsplatz. In der App *Wallet* werden mehr relevante Informationen angeboten. Neu ist auch, dass sich beim Einrichten eines Weckers in der App *Uhr* die Schlummerdauer individuell zwischen einer und 15 Minuten einstellen lässt. Vergessen Sie öfter mal, Ihren Blutdruck zu messen? Dann lassen Sie sich von der App *Health* daran erinnern.

Das alles macht Lust darauf, Ihr iPhone mit iOS 26 zu erkunden, nicht wahr? Legen Sie gleich im nächsten Kapitel mitten in der Praxis los!

2. Liquid-Glass-Design anpassen und Bildschirme einrichten

Das mit iOS 26 eingeführte Liquid-Glass-Design ist sicherlich pfiffig, aber es trägt nicht unbedingt zur besseren Erkennbarkeit von Elementen auf dem iPhone-Display bei. In diesem Kapitel zeige ich Ihnen deshalb zunächst, wie Sie einige Designeffekte abschalten. Anschließend erfahren Sie, wie Sie Home- und Sperrbildschirm des iPhones optimal einrichten.

Elemente auf dem Bildschirm besser erkennbar machen

Beim Liquid-Glass-Design kann es öfter vorkommen, dass Texte aufgrund der Transparenz schlecht lesbar sind. Außerdem können verschiedene Animationen störend wirken – für viele Nutzer ist das einfach »too much«. Apple hat auf einen diesbezüglichen Missmut reagiert und in iOS 26.1 eine Einstellungsmöglichkeit für das Liquid-Glass-Design eingebaut, die Sie in den *Einstellungen* (über das Zahnrad-Symbol auf der ersten Seite des Home-Bildschirms) unter *Anzeige & Helligkeit* und dort unter dem Eintrag *Liquid Glass* auswählen können. Ihnen steht dort neben *Transparent* die Auswahl *Eingefärbt* zur Verfügung, die Schaltflächen und Co. besser erkennbar macht.

Um Transparenz und Bewegungen des Liquid-Glass-Designs einzudämmen, gibt es aber auch einen Weg über die Bedienungshilfen.

1 Öffnen Sie auf Ihrem iPhone die *Einstellungen*.

2 Wählen Sie den Eintrag *Bedienungshilfen*.

3 Tippen Sie nun im Abschnitt *Sehen* auf den Eintrag *Anzeige & Textgröße*.

4 Aktivieren Sie den Schalter *Transparenz reduzieren*.

Für eine noch bessere Erkennbarkeit der Elemente können Sie zusätzlich den Schalter *Kontrast erhöhen* aktivieren.

5 Entscheiden Sie sich als Nächstes – wieder unter *Bedienungshilfen* im Abschnitt *Sehen* – für den Eintrag *Bewegung*.

6 Aktivieren Sie den Schalter *Bewegung reduzieren*.

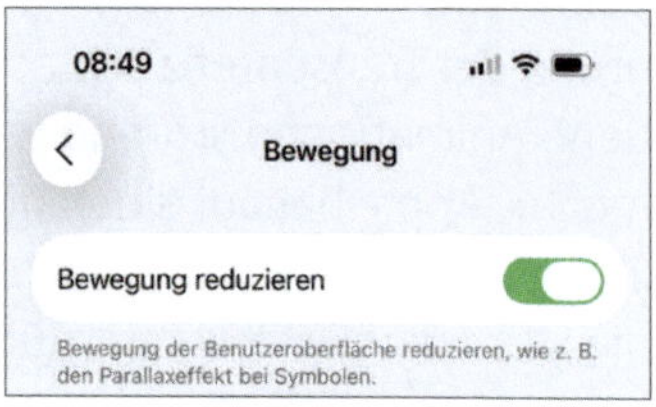

Ihr iPhone mit iOS 26 ist ab sofort ohne zu viel Bling-Bling nutzbar.

Im dritten Kapitel werden Sie noch weitere nützliche Bedienungshilfen kennenlernen.

Den Home-Bildschirm nach Ihrem Geschmack anpassen

Nun zum Home-Bildschirm Ihres iPhones. Auf dem Home-Bildschirm finden Sie die App-Symbole und Widgets. Falls Ihnen die Symbole und Texte allgemein zu klein sind, können Sie den *Anzeigezoom* aktivieren, und zwar in den *Einstellungen* unter *Anzeige & Helligkeit*.

Durch die vergrößerte Darstellung steht dann allerdings logischerweise weniger Platz für Inhalte zur Verfügung. Mit iOS 26 erhalten Sie aber auch noch weitere Anpassungsoptionen.

App-Farbe und Größe der App-Symbole ändern

Wollen Sie die App-Symbole auf dem Home-Bildschirm größer darstellen und dafür auf die App-Bezeichnungen verzichten? Oder wollen Sie die App-Symbole nach Ihrem Geschmack einfärben, vielleicht sogar mit einem Transparenzeffekt versehen, um das Liquid-Glass-Design voll auszukosten? Dies ist die Anleitung dazu:

1 Halten Sie eine freie Fläche des Home-Bildschirms gedrückt, sodass alle Apps zu wackeln beginnen. Der Home-Bildschirm befindet sich nun im Bearbeitungsmodus.

2 Tippen Sie links oben auf die im Bearbeitungsmodus eingeblendete Schaltfläche *Bearbeiten*.

3 Wählen Sie im Menü den Eintrag *Anpassen*.

4 Um die App-Symbole größer darzustellen und dafür auf die Beschriftungen zu verzichten, tippen Sie auf das Symbol . Ein erneuter Fingertipp auf das Symbol verkleinert die Symbole wieder.

5 Wenn Sie die Option *Transparent* wählen, werden die App-Symbole, passend zum Liquid-Glass-Design, mit einem Transparenzeffekt versehen – sind dadurch allerdings auch nicht mehr so gut erkennbar.

Wählen Sie *Eingefärbt*, können Sie die Farbe für die App-Symbole individuell bestimmen. Alle Symbole werden dann in der gleichen Farbe dargestellt.

6 Mit dem Lichtsymbol links im Menü können Sie den Bildschirmhintergrund hell oder dunkel einstellen. Die Hell- und Dunkelfärbung kann aber auch automatisch erfolgen.

7 Haben Sie alle Ihre Anpassungen getätigt, tippen Sie einfach auf den Home-Bildschirm, um das Menü zu schließen.

Wählen Sie im Menü den Eintrag *Hintergrund bearbeiten*, können Sie auch noch verschiedene Einstellungen zum vorhandenen Bildschirmhintergrund vornehmen, z. B. lässt sich dieser weichzeichnen oder mit einem Verlauf versehen.

App-Symbol an beliebige Position ziehen

Sie können eine App auf dem Home-Bildschirm beliebig platzieren, also ohne direkte Nähe zu anderen App-Symbolen.

Halten Sie dazu eine freie Fläche des Home-Bildschirms gedrückt, um diesen in den Bearbeitungszustand zu versetzen. Ziehen Sie eine App dann an die gewünschte Position.

Komplette App-Seiten aus- und wieder einblenden

Vielleicht haben Sie viele Seiten des Home-Bildschirms mit Apps ausgestattet, möchten nun aber lieber die App-Mediathek verwenden, um auf die auf dem iPhone installierten Apps zuzugreifen.

Die App-Mediathek blenden Sie durch horizontales Streichen rechts neben dem Home-Bildschirm ein.

Statt nun einzelne Apps in die App-Mediathek zu bewegen, können Sie auch ganze Seiten des Home-Bildschirms ausblenden – die Apps auf den ausgeblendeten Seiten bleiben weiterhin in der App-Mediathek verfügbar.

So funktioniert das Aus- und Einblenden von Seiten:

1. Halten Sie eine freie Fläche des Home-Bildschirms gedrückt, bis die Apps anfangen zu wackeln.
2. Tippen Sie links oben auf die Schaltfläche *Bearbeiten*.
3. Entscheiden Sie sich im Menü für *Seiten bearbeiten*.
4. Sie erhalten dann eine Übersicht über die Seiten des Home-Bildschirms. Bei einer Seite, die Sie ausblenden möchten, entfernen Sie das zugehörige Häkchen. Zum Einblenden einer ausgeblendeten Seite setzen Sie ein Häkchen.
5. Bestätigen Sie mit *Fertig*.

App-Infos in Widgets anzeigen

Widgets bieten einen schnellen Zugriff auf häufig benötigte Informationen oder App-Funktionen, etwa die aktuelle Wetterprognose. Erfahren Sie im Folgenden, wie Sie Widgets auf dem Home-Bildschirm hinzufügen.

Widgets per Kontextmenü einblenden

Die nächste Anleitung zeigt Ihnen, wie Sie Widgets auf Ihrem Home-Bildschirm per Kontextmenü hinzufügen. Bedenken Sie hierbei jedoch, dass die Widgets einiges an Platz beanspruchen – schon das kleinste Widget benötigt so viel Platz wie vier App-Symbole.

1 Halten Sie eine App gedrückt, um deren Kontextmenü aufzurufen. Im Kontextmenü finden Sie App-spezifische Funktionen.

2 Steht für die App ein Widget zur Verfügung, können Sie dieses per Symbol auswählen. Das kleinste Widget nimmt, wie bereits erwähnt, den Platz von vier App-Symbolen in Anspruch, das mittlere den Platz von acht Symbolen und das große den Platz von 16 Symbolen. Mit dem Symbol links erhalten Sie wieder das App-Symbol.

3 Das Widget wird eingebaut. Wenn Sie es noch anpassen möchten, halten Sie eine freie Fläche des Home-Bildschirms gedrückt, um in den Bearbeitungszustand zu wechseln.

4 Sie können das Widget nun an eine andere Position ziehen. Wenn Sie in die rechte untere Ecke tippen und diese gedrückt halten, lässt sich durch Ziehen die Größe des Widgets nachträglich anpassen.

Links neben dem Home-Bildschirm finden Sie eine extra Widget-Seite. Das Hinzufügen und Bearbeiten von Widgets erfolgt dort genauso wie auf dem Home-Bildschirm.

Smart-Stapel einrichten

Neben den einfachen App-Widgets lassen sich auf dem iPhone auch sogenannte Smart-Stapel hinzufügen, die die Inhalte von mehreren Widgets bereitstellen. Die Auswahl erfolgt in den Smart-Stapeln durch vertikales Streichen.

Zum Hinzufügen eines Smart-Stapels halten Sie eine freie Fläche des Home-Bildschirms gedrückt und wählen links oben auf dem Display *Bearbeiten*. Im Menü entscheiden Sie sich dann für *Widget hinzufügen*.

Wählen Sie nun den Eintrag *Smart-Stapel* aus. Bestimmen Sie anschließend durch horizontales Streichen die gewünschte Größe des Smart-Stapels. Bestätigen Sie Ihre Auswahl mit *Widget hinzufügen*. Bringen Sie das Widget durch Ziehen mit dem Finger an die gewünschte Position.

Ein Smart-Stapel lässt sich wie ein einzelnes Widget anlegen, enthält jedoch die Inhalte mehrerer Apps.

Im Kontextmenü eines hinzugefügten Smart-Stapels finden Sie die Option *Stapel bearbeiten*. Sie können die Widgets in einem Smart-Stapel durch Ziehen umsortieren oder auch einzelne Widgets per Minussymbol entfernen.

Mehrere Sperrbildschirme anlegen

Der Sperrbildschirm Ihres iPhones wird Ihnen unter anderem angezeigt, wenn Sie die Systemtaste drücken oder wenn Sie das iPhone anheben – sofern diese Option in den *Einstellungen* unter *Anzeige & Helligkeit* eingeschaltet ist.

Sperrbildschirm mit Tiefeneffekt

Es gibt aber eigentlich nicht mehr den einen Sperrbildschirm, denn auf Ihrem iPhone lassen sich verschiedene Sperrbildschirme anlegen und mit diversen Widgets versehen sowie mit einem Fokus verknüpfen. In iOS 26 wird zudem ein Tiefeneffekt geboten, um z. B. ein Porträtfoto, das Sie auf dem Sperrbildschirm verwenden, räumlich wirken zu lassen.

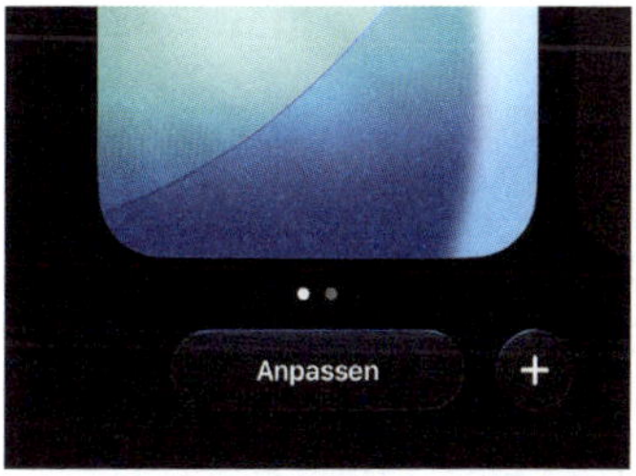

Erstellen Sie so viele Sperrbildschirme mit unterschiedlichen Hintergründen und Widgets, wie Sie brauchen.

Möchten Sie einen neuen Sperrbildschirm erstellen oder einen bestehenden Sperrbildschirm anpassen, halten Sie eine freie Fläche des Sperrbildschirms gedrückt. Zum Anpassen des aktuellen Sperrbildschirms tippen Sie anschließend auf *Anpassen*, zum Erstellen eines neuen Sperrbildschirms wählen Sie das Plussymbol. Verwenden Sie mehrere Sperrbildschirme, erfolgt die Auswahl in diesem Modus durch horizontales Streichen.

Ob Sie den Tiefeneffekt auf dem aktuellen Sperrbildschirm einsetzen möchten oder nicht, entscheiden Sie unter dem Symbol . Tippen Sie dieses an, können Sie in einem Menü zwischen den Optionen *Tiefeneffekt ein* und *Tiefeneffekt aus* wählen.

Schalten Sie den Tiefeneffekt auf einem Sperrbildschirm mit wenigen Handgriffen ein oder aus.

Und so entfernen Sie einen Sperrbildschirm wieder

Möchten Sie einen Sperrbildschirm löschen, halten Sie den aktuellen Sperrbildschirm gedrückt. Streichen Sie dann horizontal zum Sperrbildschirm, den Sie entfernen möchten. Schieben Sie diesen mit dem Finger nach oben und tippen Sie auf das so eingeblendete Papierkorbsymbol.

Steuerelemente auf dem Sperrbildschirm austauschen

Die Sperrbildschirme lassen sich nachträglich anpassen. Die folgende Anleitung zeigt Ihnen, wie Sie die Steuerelemente austauschen, die unten auf dem Sperrbildschirm platziert sind. Halten Sie dazu einen Sperrbildschirm gedrückt und wählen Sie *Anpassen*. Tippen Sie bei einem Steuerelement auf das Minuszeichen, um es zu entfernen. Anschließend wird statt des Minuszeichens ein Pluszeichen angezeigt, und Sie können aus einer Steuerelemente-Galerie das gewünschte Steuerelement auswählen.

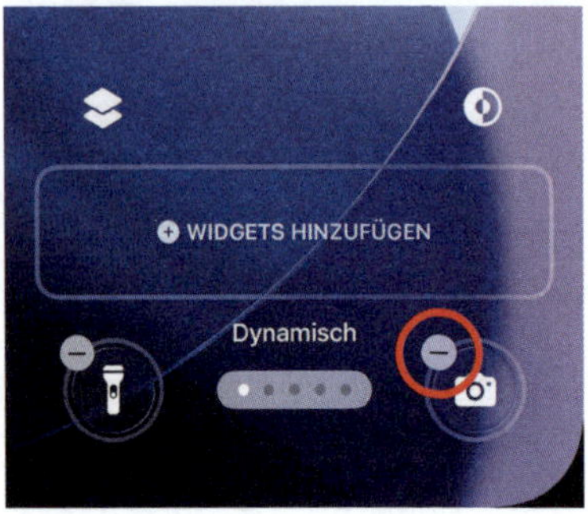

Auch die Steuerelemente auf dem Sperrbildschirm sind nicht in Stein gemeißelt.

Fokus erstellen und mit einem Sperrbildschirm verknüpfen

Sie können einen Fokus für unterschiedliche Situationen und Aktivitäten einrichten, um sich während dieser Aktivitäten nicht oder nur von ausgewählten Personen stören zu lassen. Ein Fokus lässt sich auch mit einem Sperrbildschirm verknüpfen, der dann bei dieser Aktivität angezeigt wird. Auf einem iPhone mit Apple Intelligence lassen sich darüber hinaus KI-gestützt *Unterbrechungen reduzieren*. So verknüpfen Sie einen Fokus:

1 Öffnen Sie auf Ihrem iPhone die *Einstellungen* und wählen Sie den Eintrag *Fokus*.

2 Nun können Sie einen der vorgeschlagenen Fokusse auswählen und konfigurieren. Um einen neuen Fokus zu erstellen, klicken Sie rechts oben auf das Plussymbol +.

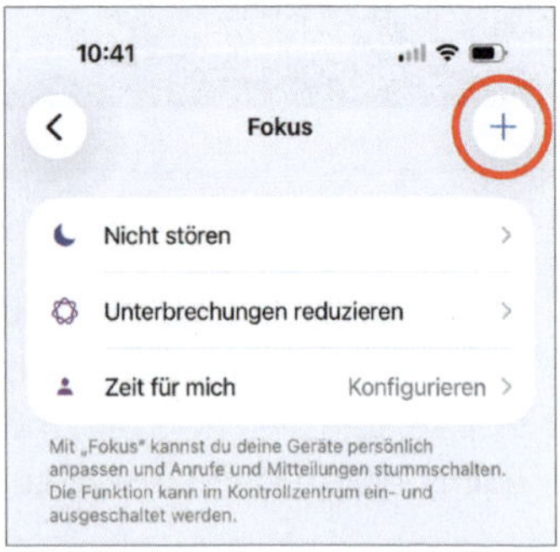

3 Wählen Sie einen Fokustyp aus und passen Sie den Fokus individuell an, etwa im Hinblick auf die *Fokusfilter*, mit denen Sie detailliert festlegen, welche Meldungen Sie während des aktivierten Fokus erhalten möchten und welche nicht.

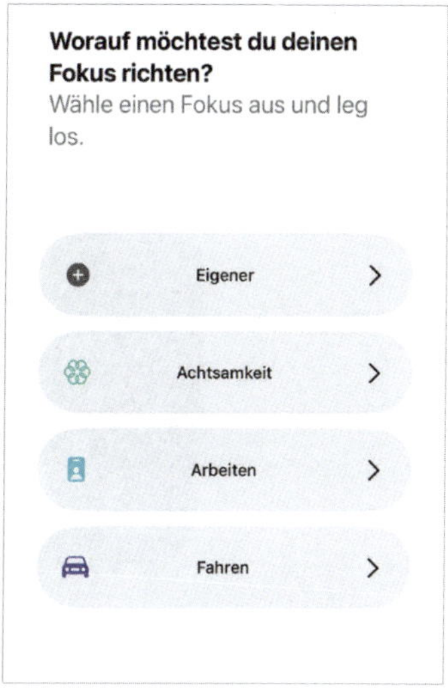

4 Um den Fokus nun mit einem Sperrbildschirm zu verknüpfen, tippen Sie im Abschnitt *Bildschirme anpassen* unterhalb des Sperrbildschirms auf *Wählen*.

5 Entscheiden Sie sich für einen vorhandenen Sperrbildschirm, alternativ können Sie auch hier einen weiteren Sperrbildschirm anlegen.

Ein Fokus kann bei einer bestimmten Aktivität automatisch aktiviert werden. Das manuelle Aktivieren erfolgt im Kontrollzentrum, das Sie von der rechten oberen Ecke des iPhone-Displays auf das Display ziehen, unter *Fokus*.

So verwenden Sie den Stand-by-Bildschirm

Der Stand-by-Bildschirm ermöglicht es, Inhalte auf dem iPhone auch dann anzuzeigen, wenn dieses ausgeschaltet ist. Dazu muss es geladen und im Ladezustand seitlich aufgestellt werden. Die Option *Standby* ist standardmäßig bereits aktiviert.

Die Einstellungen dazu prüfen Sie in den iPhone-Einstellungen unter dem Eintrag *Standby*. Es lassen sich hier auch einige Einstellungen anpassen, und zwar das Mitteilungsverhalten sowie das Display-Verhalten auf dem Stand-by-Bildschirm.

Wählen Sie unter *Standby/Display* unter anderem den *Nachtmodus* und entscheiden Sie, ob das Display automatisch oder gar nicht deaktiviert werden soll.

Der Stand-by-Bildschirm wird beim Aufstellen des iPhones im Ladezustand aktiviert.

Das Wechseln zwischen den auf dem Stand-by-Bildschirm verfügbaren Widgets erfolgt durch horizontales Streichen. Tippen Sie ein Widget an, lässt sich die App – nach dem Entsperren per Face ID – auf dem Display aufrufen. Halten Sie ein Widget gedrückt, um es Ihren Wünschen entsprechend anzupassen.

3. Schreibtools, visuelle Intelligenz und mehr: Apple Intelligence und Siri im Griff

Apple hat die KI-Funktionen von Apple Intelligence ab dem Herbst 2024 stufenweise aufs iPhone gebracht. Die in iOS 26 – auf iPhones mit Apple Intelligence – verfügbaren KI-Features können sich inzwischen durchaus sehen lassen. Es werden in den nächsten Jahren aber sicher noch weitere nützliche Funktionen hinzukommen. In diesem Kapitel stelle ich Ihnen die besten KI-Funktionen fürs iPhone vor und zeige Ihnen außerdem, wie Sie die Sprachassistenz Siri gekonnt einrichten und einsetzen.

Apple Intelligence und Siri einrichten

Nehmen Sie zunächst einige wichtige Einstellungen zur Sprachassistenz sowie zu Apple Intelligence vor. Im Zusammenhang mit Apple Intelligence ist es empfehlenswert, die Apple-KI durch ChatGPT zu erweitern. Sie erhöhen dadurch den Funktionsumfang ungemein, insbesondere wenn es um das Erstellen und Anpassen von Texten oder das Beantworten von Wissensfragen geht. Gehen Sie dazu in die *Einstellungen* und wählen Sie *Apple Intelligence & Siri*. Bei iPhones ohne Apple Intelligence lautet der Eintrag schlicht *Siri*.

ChatGPT als Apple-Intelligence-Erweiterung

Apple Intelligence aktivieren oder deaktivieren Sie einfach mit dem gleichlautenden Schalter. Möchten Sie ChatGPT mit Apple Intelligence nutzen, tippen Sie im Abschnitt *Erweiterungen* auf den Eintrag *ChatGPT*. Ihnen wird anschließend das Einrichten von ChatGPT angeboten.

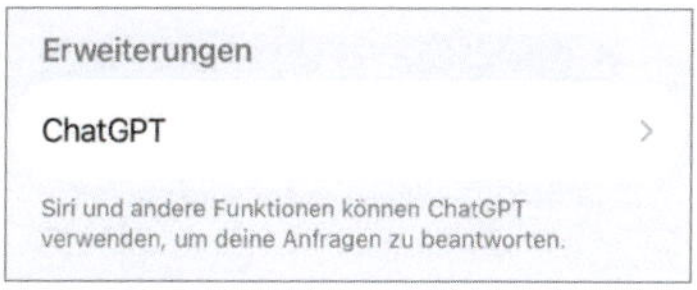

Integrieren Sie ChatGPT in die Apple Intelligence.

Folgen Sie zum Einrichten von ChatGPT den wenigen Hinweisen im Assistenten. Tippen Sie auf *ChatGPT aktivieren*, verwenden Sie ChatGPT als Gast. Alternativ entscheiden Sie sich für *ChatGPT mit einem Account nutzen* und melden sich mit Ihren Zugangsdaten an. Eine Anmeldung ist auch später noch möglich. Verwenden Sie einen ChatGPT-Account, kann unter anderem auf frühere Prompts zurückgegriffen werden, wobei als Prompts die einzelnen Anweisungen an die KI bezeichnet werden.

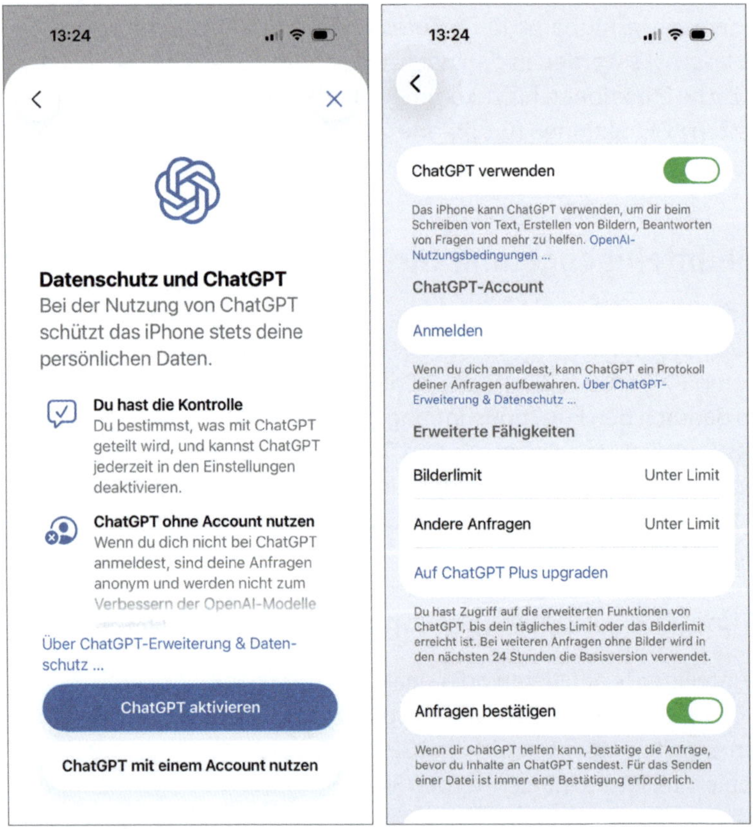

Entscheiden Sie, ob Sie ChatGPT mit einem vorhandenen Account oder »als Gast« nutzen möchten.

Sie werden vom iPhone jeweils darauf hingewiesen, wenn Ihre Anweisungen an ChatGPT gesendet werden.

Die Sprachassistenz Siri einrichten

Um die Sprachassistenz Siri zu aktivieren oder zu deaktivieren, wählen Sie in den entsprechenden Einstellungen den Eintrag *Siri-Anfragen sprechen & tippen*. Legen Sie fest, auf welche Weise Sie Siri zuhörbereit machen möchten. Deaktivieren Sie alle Optionen, deaktivieren Sie damit auch Siri. *Für Siri Seitentaste drücken* ist der Standard, um Siri einen Befehl zu erteilen. Neu in iOS 26: Dass Siri Ihnen zuhört, wird Ihnen nicht mehr durch ein Symbol angezeigt, sondern durch die beleuchteten Ränder auf dem Display.

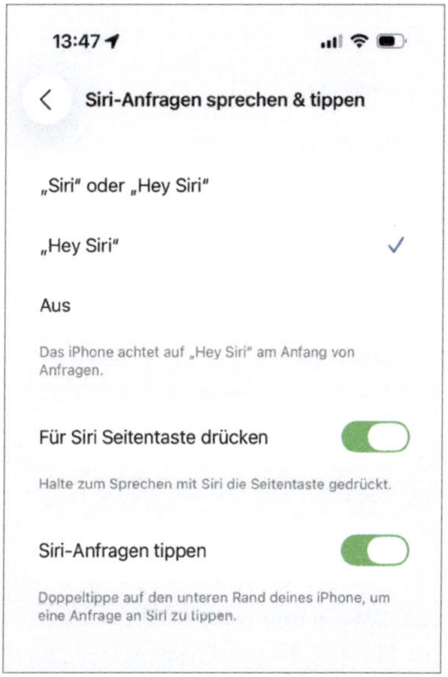

Bestimmen Sie, wie Sie Siri zuhörbereit machen möchten.

Des Weiteren legen Sie in den *Einstellungen* unter *Apple Intelligence & Siri* bzw. unter *Siri* die *Sprache* fest, in der Sie mit Siri kommunizieren möchten. Die Sprachauswahl betrifft sowohl die Sprache, in der Sie Befehle erteilen, als auch die Antworten, die Siri ausgibt. Sogar die *Siri-Stimme* lässt sich Ihrem Geschmack anpassen, es stehen jeweils zwei weibliche und zwei männliche Stimmen zur Auswahl.

Möchten Sie *Siri im Sperrzustand erlauben*? In welcher Form sollen *Siri-Antworten* erfolgen? Soll Siri *Anrufe ankündigen*? Oder soll Siri einen *Anruf beenden*? Wollen Sie *Mit Siri Nachrichten senden*? Auch dazu gibt es die entsprechenden Einstellungsmöglichkeiten. Aus Gründen des Datenschutzes bereinigen Sie außerdem hin und wieder Ihren *Siri- und Diktierverlauf*.

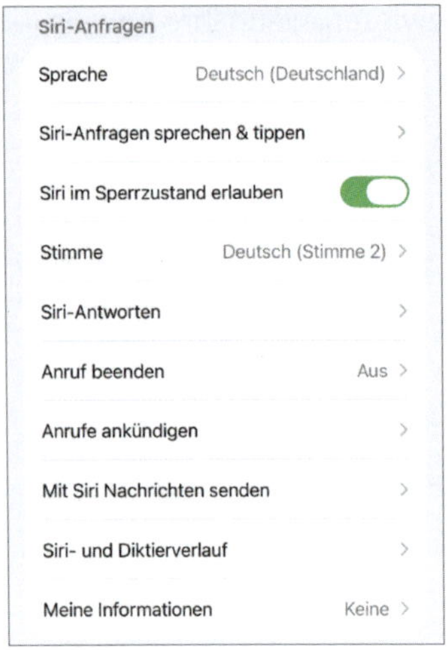

Nehmen Sie Ihre individuellen Einstellungen zur Sprachassistenz Siri vor.

Sie können Siri auch ohne KI eine Menge fragen und befehlen. Starten Sie damit Telefonate oder Apps, senden Sie Nachrichten und E-Mails, erstellen Sie Kalendereinträge und Erinnerungen, fragen Sie nach dem Wetter oder nach den jüngsten Fußballergebnissen. Siri kann Wissensfragen beantworten und Maßeinheiten umrechnen. Auch die Musikwiedergabe lässt sich mit Siri steuern. Und fragen Sie Siri »Wie heißt dieser Titel?«, erfahren Sie, was da gerade im Radio läuft.

Siri Ihren Spitznamen beibringen

Falls Sie von Siri mit einem Spitznamen angesprochen werden möchten, kein Problem! Sagen Sie zu Siri: »Nenn mich Meister!«. Zukünftig wird Siri dann diesen Spitznamen verwenden, wenn sie Sie mit Namen anspricht.

Texte gekonnt diktieren

Auf der iPhone-Tastatur treffen Sie mit dem Finger nicht unbedingt sofort die gewünschte Taste. Alternativ setzen Sie zur Eingabe von Texten die Diktierfunktion ein. Eine Internetverbindung ist zum Diktieren nicht erforderlich.

Die Diktierfunktion lässt sich unabhängig von Siri aktivieren, und zwar in den *Einstellungen* unter *Allgemein* und dort unter *Tastatur* mit der Option *Diktierfunktion aktivieren*. Bestimmen Sie mit dem Schalter *Automatische Interpunktion* außerdem, ob Sie eine automatische Interpunktion wünschen oder die Satzzeichen beim Diktieren mitsprechen möchten.

Um die Diktierfunktion in einer App einzusetzen, tippen Sie rechts unterhalb der iPhone-Tastatur auf das Mikrofonsymbol 🎙. Danach sprechen Sie Ihren Text ein. Bei längeren Texten gehen Sie satzweise vor. Sofern Sie auf die automatische Interpunktion verzichten, sprechen Sie auch die Satzzeichen mit, diktieren Sie also etwa »Hallo Komma wie geht es dir Fragezeichen Neue Zeile«.

Sie können jederzeit auch zwischendurch auf der Tastatur tippen und – sobald das Mikrofon wieder beim Cursor angezeigt wird – Text diktieren.

Entnehmen Sie der folgenden Tabelle wichtige deutsche Sprachbefehle für Ihre Diktate. Gut zu wissen: Die Diktierfunktion kann mehrere Diktiersprachen automatisch unterscheiden, die sich nach den von Ihnen hinzugefügten Tastaturen richten.

Befehl	Ergebnis
Neue Zeile	Erstellt eine neue Zeile
Neuer Absatz	Erstellt einen neuen Absatz
Punkt	.
Fragezeichen	?
Ausrufezeichen	!
Komma	,
Semikolon	;

Befehl	Ergebnis
Doppelpunkt	:
Bindestrich (diktieren Sie diesen bei zusammengesetzten Wörtern jeweils mit)	-
Gedankenstrich	–
Klammer auf	(
Klammer zu	)
Eckige Klammer auf	[
Eckige Klammer zu	]
Geschweifte Klammer auf	{
Geschweifte Klammer zu	}
Apostroph	'
Anführungszeichen unten	„
Anführungszeichen oben	“
Zitatanfang	»
Zitatende	«
Auslassungszeichen	...
Eurosymbol, Sternchen, Paragrafzeichen, Pluszeichen, Klammeraffe usw. (nennen Sie jeweils das gewünschte Sonderzeichen)	€, *, §, +, @ usw.
Eintausendzweihundertneunundfünfzig	1259
Römisch Eintausendzweihundertneunundfünfzig	MCCLIX
Neunter April Zweitausendsechsundzwanzig	9. April 2026
Zehn Uhr Fünfzehn (oder auch Viertel nach Zehn)	10:15 Uhr
Elf Euro Achtunddreißig	11,38 €
Fünfzig Zentimeter	50 cm

Befehl	Ergebnis
Smiley Gesicht	:-)
Zwinkerndes Gesicht	;-)
Trauriges Gesicht	:-(
Lachendes Gesicht	:-D

Ein Wort soll ausschließlich in Großbuchstaben diktiert werden?

Wenn Sie Text ausschließlich in Großbuchstaben diktieren möchten, geben Sie vor der entsprechenden Passage den Befehl »Großschaltung anfangen«. Nach dem Diktieren der großgeschriebenen Wörter sagen Sie dann »Großschaltung beenden«.

So setzen Sie die Schreibtools ein

Zurück zu Apple Intelligence. Der Vorteil bei der Nutzung von künstlicher Intelligenz liegt darin, dass diese zumindest teilweise wie ein Mensch vorgeht, um Aufgaben für Sie zu erledigen. So kann die KI z. B. Ihre Texte umschreiben oder blitzschnell Korrektur lesen. Sogar neue Texte kann die KI nach Ihren Vorgaben generieren. Dazu dienen auf den iPhones mit Apple Intelligence die Schreibtools.

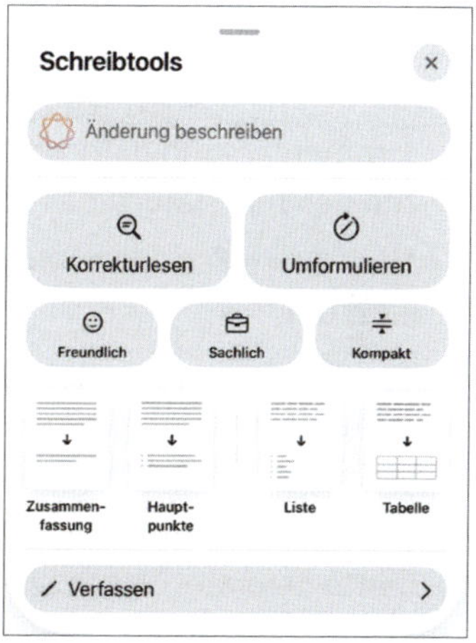

Blenden Sie die Schreibtools in entsprechenden Apps per Symbol ein.

Die Schreibtools stehen in Apps zur Verfügung, in denen mit Texten umgegangen wird, z. B. in der App *Notizen*, in der Mail-App oder in der Office-App *Pages*. Zum Aufrufen der Schreibtools dient jeweils das Symbol ✍.

Die folgende Auflistung verschafft Ihnen einen Überblick darüber, was Sie mit den Schreibtools alles anfangen können. Per Eingabefeld können Sie aber auch individuelle Anweisungen geben.

- *Korrekturlesen:* Merzen Sie mit dieser Funktion Fehler aus einem Text aus. Im Vergleich mit der herkömmlichen Rechtschreibprüfung werden Korrekturen automatisch durchgeführt und auch Textzusammenhänge berücksichtigt.
- *Umformulieren:* Tippen Sie auf *Umformulieren*, um z. B. einen lockeren Text in einen sachlichen Text umzuwandeln. Es stehen zum Umformulieren auch noch die zusätzlichen Schaltflächen *Freundlich*, *Sachlich* und *Kompakt* zur Verfügung.
- *Zusammenfassung:* Diese KI-Funktion fasst den Text in aller Kürze zusammen, um auf die Schnelle den Textinhalt zu erfassen. Die Zusammenfassung ersetzt dabei nicht automatisch den vorhandenen Text, sondern kann auch nur direkt gelesen oder zur anderweitigen Verwendung kopiert werden.
- *Hauptpunkte:* Mit dieser KI-Funktion werden die Kernaussagen aus dem vorhandenen Text gezogen und etwas ausführlicher als die Zusammenfassung dargestellt. Auch in diesem Fall ist neben dem Ersetzen des Textes auch das Kopieren möglich.
- *Liste:* Diese Funktion wandelt den Text KI-gestützt in eine Aufzählung um.
- *Tabelle:* Mit dieser Funktion erfolgt die KI-gestützte Umwandlung des Textes in eine Tabelle.
- *Verfassen:* Auch komplett neue Texte kann Apple Intelligence – mit Unterstützung von ChatGPT – erstellen, etwa Konzepte oder komplette Referate. Geben Sie einfach die entsprechenden Anweisungen.

Die künstliche Intelligenz arbeitet nicht immer perfekt. Prüfen Sie nach, ob die Schreibtools auch wirklich das gewünschte Ergebnis ausgespuckt haben!

Live-Übersetzungen bei Telefonaten erhalten

Die KI-gestützte Live-Übersetzung steckt bei Redaktionsschluss noch spürbar in der Beta-Phase, aber sie ist doch wegweisend und kann zukünftig dazu dienen, Sprachbarrieren zu beseitigen. Die Anleitung zeigt Ihnen, wie Sie Gespräche während eines Telefonats in Echtzeit übersetzen lassen können.

1 Entscheiden Sie sich während eines Telefonats für das Symbol mit den drei Punkten.

2 Tippen Sie im Menü auf den Eintrag *Live-Übersetzung*.

3 Bestimmen Sie die *Ausgangssprache*. Wenn Sie möchten, können Sie auch eine andere *Zielsprache* festlegen.

4 Klicken Sie auf die Schaltfläche *Übersetzung starten*, um die Live-Übersetzung während des Telefonats zu nutzen.

Ihr iPhone mit Apple Intelligence versucht ab sofort, dem Gespräch zu folgen und Sätze aus der Ausgangssprache in die Zielsprache zu übersetzen. Hier wurde z. B. der spanische Satz »¿cómo estás?« korrekt in »Wie geht es dir?« übersetzt.

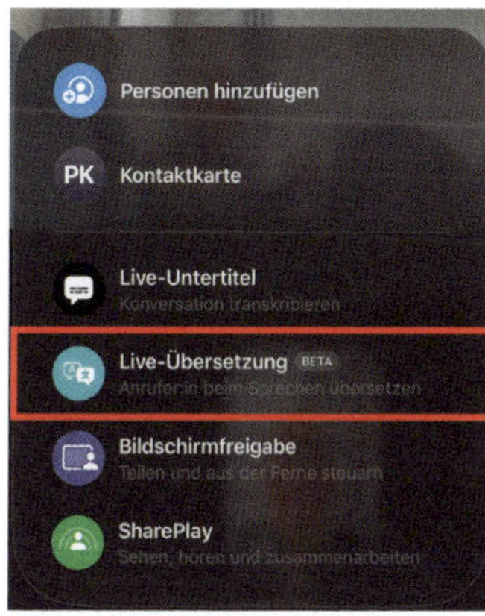

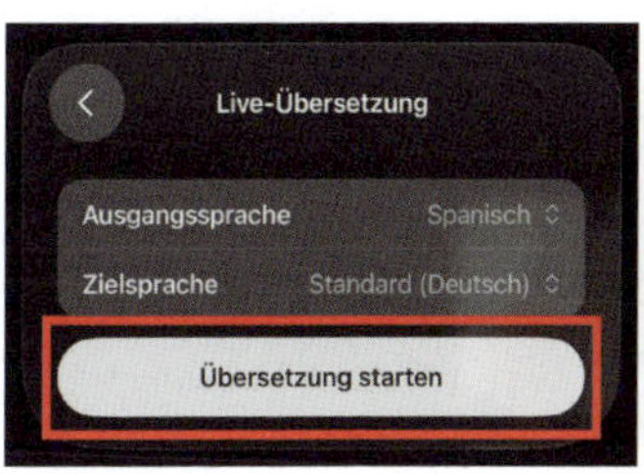

Übrigens merkt sich das iPhone die ausgewählten Sprachen für das nächste Telefonat, sodass dann weniger Schritte erforderlich sind, um die Live-Übersetzung zu aktivieren. Außer der Live-Übersetzung werden in dem Menü, das Sie unter dem Symbol ••• aufrufen, auch *Live-Untertitel* angeboten. Hierbei werden gesprochene Sätze live in Schriftform transkribiert.

Mit der visuellen Intelligenz clever nachschlagen

Dank visueller Intelligenz lassen sich auf Ihrem iPhone mit Apple Intelligence Display- oder Kamerainhalte identifizieren. Sie können dann eine Suche nach ähnlichen Bildern starten oder Informationen zu einem Inhalt erhalten. Bringen Sie damit z. B. in Erfahrung, um welches Tier oder um welche Pflanze es sich bei einer Darstellung auf dem Display handeln könnte.

Möchten Sie Displayinhalte mit visueller Intelligenz erfassen, drücken Sie standardmäßig gleichzeitig die Seitentaste und die obere Lautstärketaste. Wenn Sie bereits länger ein iPhone verwenden, wissen Sie: Damit lässt sich auch ein Bildschirmfoto aufnehmen. Das ist richtig, allerdings wird nun zuerst eine Vorschau angezeigt, und das Bildschirmfoto muss gesondert gespeichert werden. Dafür bieten sich in der Vorschau die Optionen *Fragen* sowie *Suchen* an. Damit können Sie eine Frage zum jeweiligen Displayinhalt stellen bzw. nach dem Displayinhalt im Internet suchen.

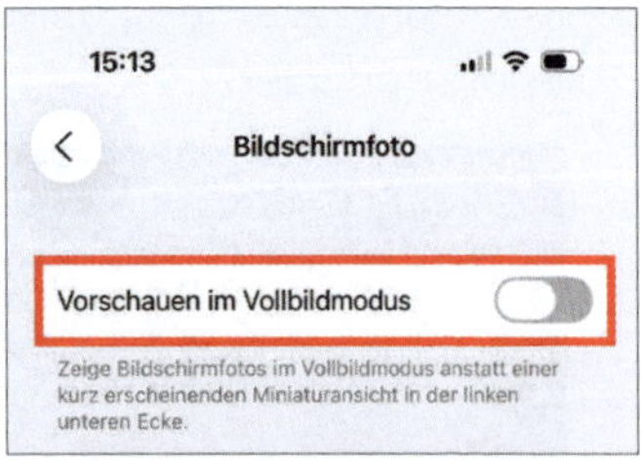

Um ein iPhone-Bildschirmfoto ohne Umwege zu speichern, deaktivieren Sie die Vorschauen im Vollbildmodus.

Wenn Sie häufig Bildschirmfotos auf dem iPhone aufnehmen, ist die Funktion allerdings lästig, da sie zwei weitere Fingertipps erfordert, um das Bildschirmfoto in der App *Fotos* zu sichern.

Deaktivieren Sie die Option *Vorschauen im Vollbildmodus* in diesem Fall in den *Einstellungen* unter *Allgemein* und dort unter *Bildschirmfoto*. Mit der iPhone-Kamera nutzen Sie die visuelle Intelligenz hingegen, ohne anderweitig Einbußen in Kauf zu nehmen. Halten Sie zum Verwenden der visuellen Intelligenz, während die App *Kamera* nicht geöffnet ist, die Kamerasteuerung gedrückt. Sie können aber auch – in den *Einstellungen* unter *Aktionstaste* – die Aktionstaste mit dem Feature belegen. Oder Sie fügen dem Kontrollzentrum das Steuerelement *Visuelle Intelligenz* hinzu, um rasch auf das Feature zugreifen zu können.

Und so einfach funktioniert es: Richten Sie die Kamera nach dem Öffnen der visuellen Intelligenz auf ein Motiv. Sie können zunächst auf den Aufnahme-Button tippen, um das Motiv zu erfassen. Alternativ können Sie sich aber auch direkt für die Optionen *Fragen* oder *Suchen* entscheiden.

Sie können zu einem Motiv Fragen stellen oder bei Google danach suchen.

Wenn Sie *Suchen* wählen, erfolgt eine Google-Suche nach dem Motiv. Das klappt mal besser und mal schlechter. Entscheiden Sie sich für *Fragen*, gibt die visuelle Intelligenz nach einem kurzen Moment automatisch Informationen zu dem Motiv aus. Sie können aber auch eigene Fragen zum Motiv eintippen und sich von künstlicher Intelligenz beantworten lassen.

In vielen Fällen gibt die visuelle Intelligenz hilfreiche Informationen aus.

Übrigens kommt die visuelle Intelligenz auch in der App *Fotos* zum Einsatz. So können Sie Ihre Aufnahmen mit der eingebauten Suchfunktion nach bestimmten Motiven durchforsten bzw. automatisch in unterschiedliche Sammlungen aufnehmen lassen.

Eigene Kurzbefehle erstellen

Mithilfe der App *Kurzbefehle* kann Siri auch individuelle, von Ihnen definierte Befehle ausführen. Auch für Apple Intelligence lassen sich Kurzbefehle erstellen, um Vorgänge zu automatisieren. Sie finden die App *Kurzbefehle* standardmäßig auf der zweiten Seite des Home-Bildschirms im Ordner mit den Dienstprogrammen.

Lassen Sie mich Ihnen hier vorführen, wie Sie mit einem einzigen Wort Ihre Lieblingswebseite aufrufen können:

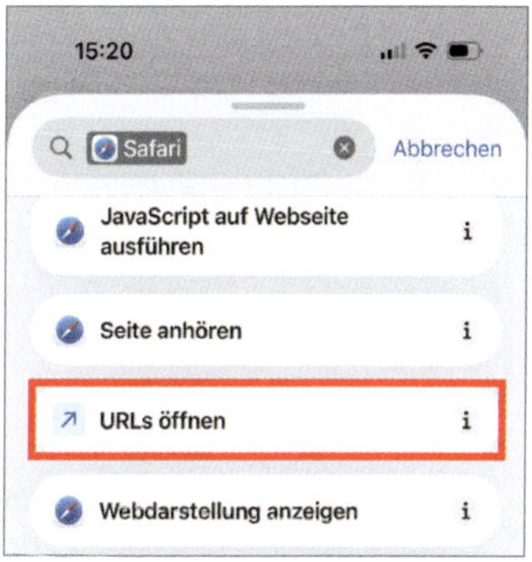

1 Öffnen Sie die App *Kurzbefehle.*
2 Tippen Sie nun rechts oben in der App auf das Plussymbol +.
3 Wählen Sie in der App-Liste *Safari.*
4 In diesem Fall soll eine Webseite aufgerufen werden, deshalb entscheiden Sie sich für *URLs öffnen.*
5 Geben Sie die gewünschte Webadresse ein, zum Beispiel www.mut.de.

6 Zu guter Letzt benennen Sie oben den automatisch erzeugten Kurzbefehl um, indem Sie auf den zugehörigen Pfeil klicken und die entsprechende Option wählen. Vergeben Sie den Befehl, den Sie zum Öffnen der Webadresse verwenden möchten.

Geben Sie Siri den entsprechenden Befehl, wird die Webseite aufgerufen. Der Kurzbefehl zum Aufrufen von Webseiten wird natürlich desto nützlicher, je länger die Webadresse ist, die Sie Siri sonst nennen müssten. Wie Sie in der App sehen werden, lassen sich eine Menge weiterer Arten individueller Kurzbefehle definieren.

Eine Automation erstellen

Siri-Befehle lassen sich nicht nur per Sprache ausführen, sondern sie lassen sich auch mit einer von Ihnen festgelegten Funktion verknüpfen. Dazu wählen Sie in der App *Kurzbefehle* in der Rubrik *Automation* die Option *Neue Automation*. Das Einrichten einer Automation ähnelt dem Erstellen von Siri-Kurzbefehlen.

4. Clevere iPhone-Bedienung per Kopfbewegung oder Tastatur

Sie haben bestimmt bereits die Erfahrung gemacht, dass die iPhone-Bedienung bis zu einem gewissen Grad selbsterklärend ist. Eine App antippen und damit öffnen – diese intuitive Bedienweise versteht sogar ein Kleinkind. Und es ist nicht zuletzt die intuitive Bedienbarkeit des iPhones, die ihm zu seinem phänomenalen Erfolg verholfen hat. Doch über diese intuitiven Bedienfunktionen hinaus hat das iPhone in Sachen Bedienung noch viel mehr zu bieten, das nicht so offensichtlich ist. In diesem Kapitel möchte ich Ihnen neue Bedienungshilfen vorstellen, aber auch Bedienfunktionen, die schon vor iOS 26 verfügbar waren, die aber längst nicht jeder kennt – etwa das Drag and Drop zwischen verschiedenen Apps oder nützliche Funktionen rund um die iPhone-Tastatur.

Das iPhone mit dem Kopf steuern

Die Frontkamera Ihres iPhones kann in iOS 26 Ihren Kopfbewegungen folgen und es Ihnen so ermöglichen, das iPhone – nach ein wenig Übung – nur mit Ihren Kopfbewegungen zu bedienen. Gehen Sie so vor:

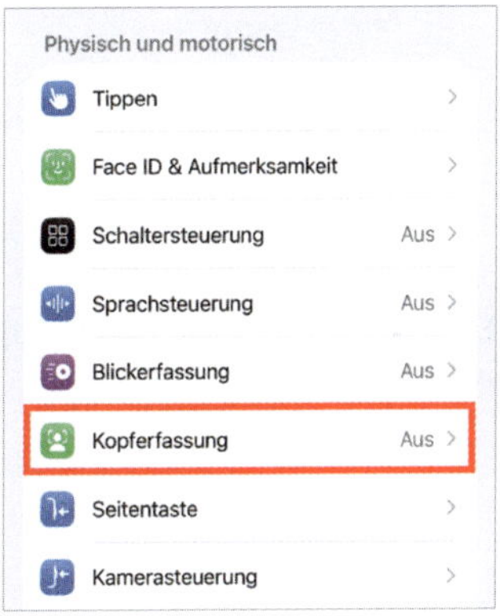

1 Öffnen Sie die iPhone-Einstellungen.
2 Wählen Sie die *Bedienungshilfen*.
3 Entscheiden Sie sich als Nächstes im Abschnitt *Physisch und motorisch* für den Eintrag *Kopferfassung*.
4 Aktivieren Sie die gleichlautende Option.
5 Die Bewegungen des Kopfes werden ab sofort automatisch erfasst, also z. B. die Auf- oder Abwärtsbewegung, um

zu einem Element zu wechseln. Das Auswählen erfolgt durch Verweilen auf dem Element.

6 Im Abschnitt *Aktionen* können Sie weitere Funktionen einrichten: Welche Aktion soll ausgeführt werden, wenn Sie Ihre Augenbrauen hochziehen oder wenn Sie die Zunge herausstrecken?

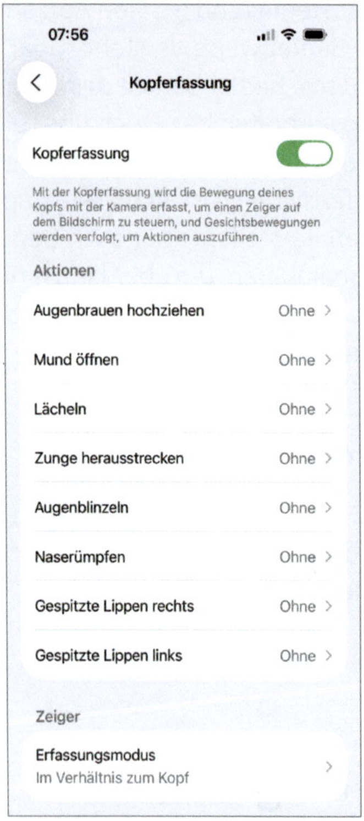

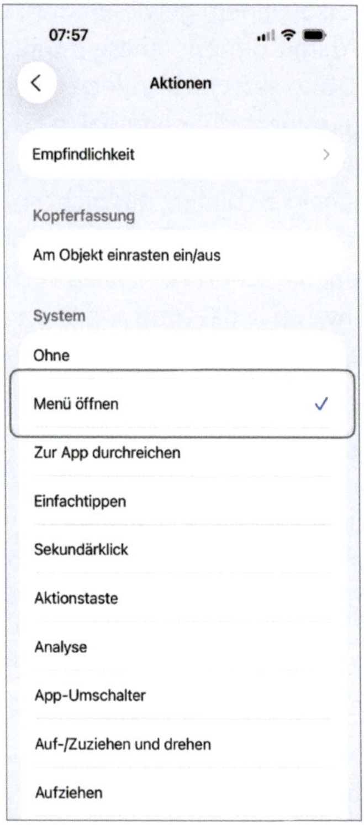

Eine Alternative zur *Kopferfassung* kann die *Blickerfassung* sein, bei der Sie Ihr iPhone nur durch Blicke steuern.

Den Reader für Bedienungshilfen verwenden

Eine praktische Neuerung in iOS 26 ist der »Reader für Bedienungshilfen«. Die Bezeichnung ist etwas merkwürdig, tatsächlich handelt es sich um eine Funktion, die Ihnen App-übergreifend Texte vorliest und gleichzeitig übersichtlich anzeigt.

Es handelt sich also um eine sinnvolle und sehr einfach anzuwendende Ergänzung der bereits länger vorhandenen Funktionen *Bildschirminhalt sprechen* sowie *Auswahl sprechen*.

Das Aktivieren der Option *Reader für Bedienungshilfen* erfolgt in den *Einstellungen* unter *Bedienungshilfen* und dort im Abschnitt *Sehen* unter dem Eintrag *Lesen & Sprechen*. Sie können auch eine automatische Wiedergabe im Reader für Bedienungshilfen festlegen, ansonsten wird die Wiedergabe per Play-Taste gestartet.

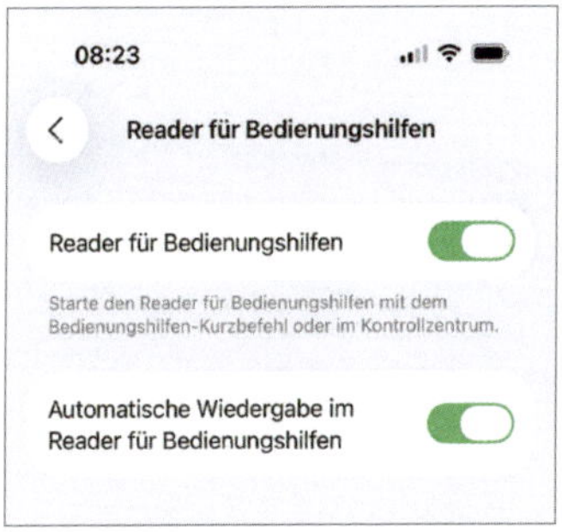

Der Reader für Bedienungshilfen kann das Vorlesen automatisch starten.

Um den Reader für Bedienungshilfen zu aktivieren, drücken Sie dreimal schnell hintereinander die Seitentaste an Ihrem iPhone. Sie könnten zusätzlich ein entsprechendes Steuerelement ins Kontrollzentrum legen.

Das Laden des Textes dauert einen Moment, anschließend können Sie sich diesen vorlesen lassen oder übersichtlich im Reader lesen.

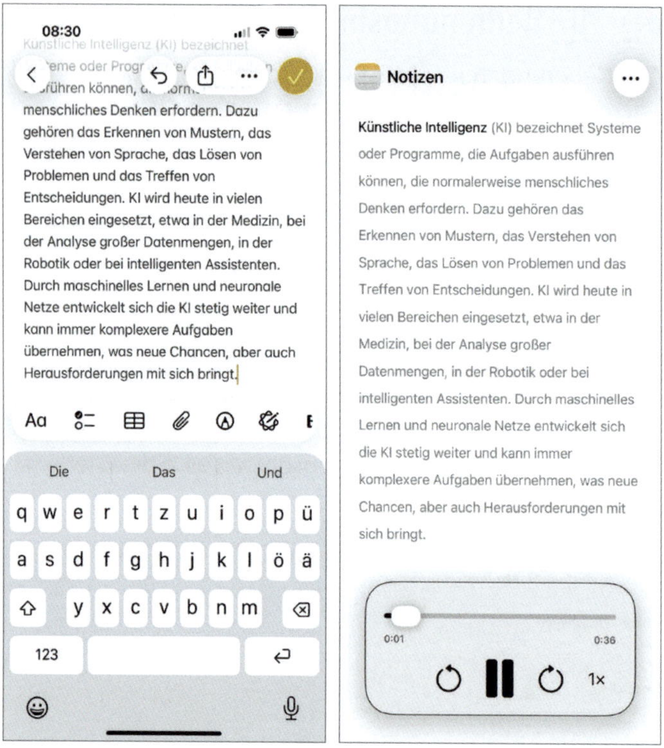

Hier wurde der Reader für Bedienungshilfen in der Notizen-App aktiviert; der Reader liest den Text auf dem Notizblatt vor.

Einstellungen für Hintergrundgeräusche vornehmen

Das iPhone bietet Hintergrundgeräusche wie das Prasseln von Regen oder das Plätschern eines Flusses. Das kann einen Tinnitus lindern oder der Entspannung dienen. Mit iOS 26 können Sie endlich mehr Einstellungen zu den Hintergrundgeräuschen vornehmen, z. B. steht ein Equalizer zur Verfügung und die Hintergrundgeräusche lassen sich per Timer stoppen – so können Sie sie perfekt zum Einschlafen verwenden.

Um die Hintergrundgeräusche einzurichten, wählen Sie die *Bedienungshilfen* und entscheiden sich im Abschnitt *Hören* für den Eintrag *Audio & Visuelles*. Tippen Sie als Nächstes auf den Eintrag *Hintergrundgeräusche*. Aktivieren Sie die gleichlautende Option, wählen Sie ein Hintergrundgeräusch aus und nehmen Sie Ihre Einstellungen zu den Hintergrundgeräuschen vor.

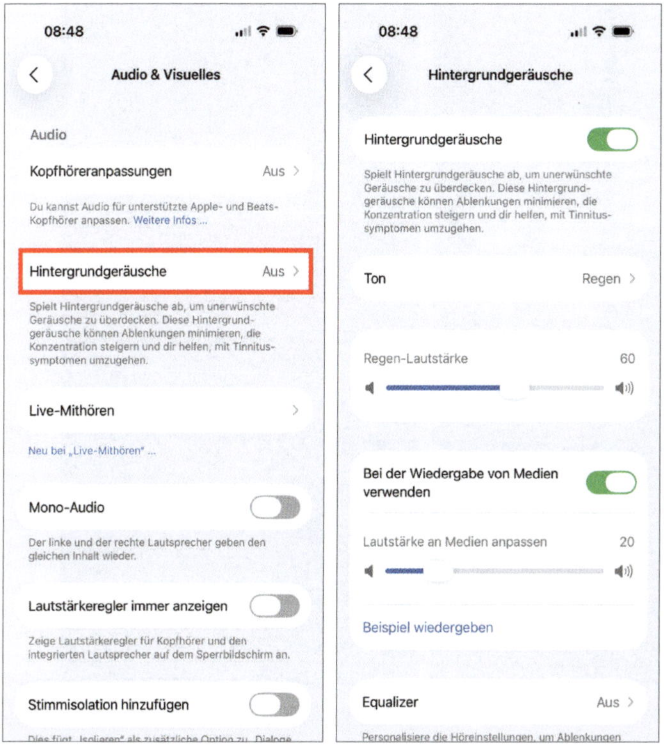

Lassen Sie sich von verschiedenen Hintergrundgeräuschen, z. B. Regenprasseln, berieseln.

Um die Hintergrundgeräusche komfortabel nutzen zu können, legen Sie am besten das entsprechende Steuerelement ins Kontrollzentrum, das Sie von der rechten oberen Ecke aus aufs Display streichen. Halten Sie das Kontrollzentrum gedrückt, um es in den Bearbeitungszustand zu versetzen. Tippen Sie dann auf *Steuerelement hinzufügen* und wählen Sie *Hintergrundgeräusche* aus.

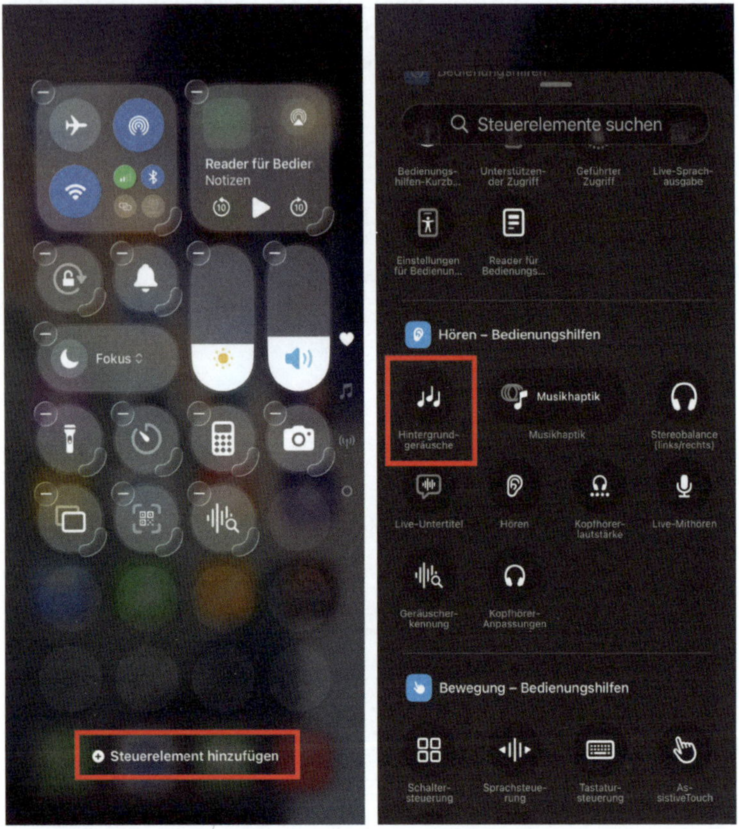

Starten Sie die Hintergrundgeräusche im Kontrollzentrum Ihres iPhones.

Sie können dem Kontrollzentrum auf diese Weise noch weitere Bedienungshilfen und andere Funktionen hinzufügen. Achten Sie jedoch darauf, dass das Kontrollzentrum übersichtlich bleibt. Die Steuerelemente lassen sich im Bearbeitungszustand sowohl verschieben als auch in der Größe anpassen.

Ambient-Sounds im Kontrollzentrum aufrufen

Sie wünschen sich Musik statt Regenplätschern als Hintergrunduntermalung? Hierfür stehen Ihnen auf Ihrem iPhone mit iOS 26 mehrere *Ambient*-Steuerelemente zur Verfügung.

Taschenlampe per Doppeltipp

Sie nennen kein iPhone mit Aktionstaste Ihr Eigen? Kein Problem, Ihr iPhone bietet eine äußerst praktische Bedienungshilfe, die fast genauso gut ist. Die Funktion ermöglicht es, unterschiedliche Aktionen durch einen Doppel- oder Dreifachtipp auf die Rückseite des iPhones auszuführen. So können Sie beispielsweise mit einem Doppeltipp auf die iPhone-Rückseite die Taschenlampe ein- und auch wieder ausschalten, und mit einem Dreifachtipp lässt sich das iPhone »schütteln« (etwa, um eine Aktion zu widerrufen). So geht es Schritt für Schritt:

1 Tippen Sie in den *Bedienungshilfen* im Abschnitt *Physisch und Motorisch* auf den Eintrag *Tippen*.

2 Scrollen Sie auf der Seite ganz nach unten und wählen Sie *Auf Rückseite tippen*.

3 Nun entscheiden Sie sich entweder für *Doppeltippen* oder *Dreimal tippen*.

4 Legen Sie zum Schluss fest, welche Aktion ausgeführt werden soll, hier beispielsweise *Taschenlampe*.

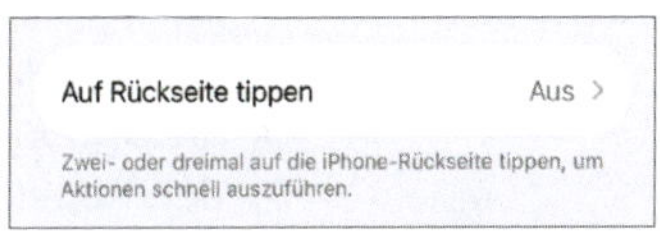

Weitere nützliche Bedienungshilfen verwenden

Neben den gerade gezeigten Funktionen befinden sich zahlreiche weitere Bedienungshilfen mit an Bord Ihres iPhones. Diese sind zwar in erster Linie für Personen mit Handicaps gedacht – aber auch ohne Handicap können sie durchaus nützlich sein! Sie finden die Bedienungshilfen jeweils in den *Einstellungen* unter dem Eintrag *Bedienungshilfen*. Die folgende Tabelle gibt Ihnen den ultimativen Überblick.

Bedienungshilfe	Funktion
VoiceOver	Lassen Sie sich mit dieser Bedienungshilfe die Menüführung und Ihre sämtlichen Eingaben vorlesen. Sogar Blindenschriftgeräte lassen sich verbinden. Aber aufgepasst: Das Aktivieren von VoiceOver verändert die Bedienfunktionen des iPhones!
Zoom	Wenn Sie diese Funktion aktivieren, wird das iPhone-Display vergrößert bzw. alternativ ein Zoomfenster eingeblendet, das Sie mit dem Finger nach oben und unten ziehen können. Zum Aus- und erneuten Einblenden der Lupe doppeltippen Sie mit drei Fingern auf das Display.
Schwebender Text	Auch diese Bedienungshilfe dient dazu, Texte auf dem Display besser lesbar zu machen. Aktivieren Sie die Option, wird ein Symbol dauerhaft eingeblendet. Tippen Sie zunächst auf das Symbol und dann auf den Text, um diesen in einem kleinen Fenster einzublenden. Dadurch, dass Sie zuerst auf das Symbol tippen, wird verhindert, dass Sie durch das Antippen eine Menüauswahl treffen.
Anzeige & Textgröße	Unter diesem Eintrag finden Sie verschiedene Optionen zum Anpassen der Anzeige auf dem iPhone-Display, z. B. können Sie sich für die Darstellung von fett gedrucktem oder größerem Text entscheiden oder einen erhöhten Kontrast aktivieren. Wählen Sie hier *Transparenz reduzieren*, um die Designeffekte von iOS 26 abzumildern.

Bedienungshilfe	Funktion
Bewegung	Mit dieser Funktion werden unnötige Bewegungen auf dem Display abgeschaltet.
Lesen & Sprechen	Sie möchten sich von Ihrem iPhone E-Mails und weitere Texte vorlesen lassen? Dann aktivieren Sie unter *Gesprochene Inhalte* die Option *Auswahl sprechen*. Wenn Sie anschließend in einer App Text markieren, wird Ihnen das Sprechen des markierten Textes angeboten. Aktivieren Sie die Option *Bildschirminhalt sprechen*, dann ziehen Sie mit zwei Fingern vom oberen Displayrand nach unten, um sämtliche Displayinhalte vorzulesen. Auch der *Reader für Bedienungshilfen* ist im Angebot, um Texte komfortabler lesen und anhören zu können.
Audiobeschreibungen	Sofern in einem Medium Audiobeschreibungen enthalten sind, können Sie mit dieser Option deren Wiedergabe aktivieren.
Tippen	Unter diesem Eintrag werden mehrere Bedienungshilfen für die Texteingabe zusammengefasst. Dank *AssistiveTouch* lässt sich das iPhone mit nur einem Finger bedienen – Gesten lassen sich in einem Menü auswählen. Beim *Einhandmodus* wird der iPhone-Bildschirm nach unten verschoben, sodass die oberen Inhalte besser erreichbar sind. Der *Haptic Touch*, also das Reagieren auf unterschiedliche Druckstärken, lässt sich hier anpassen. Haben Sie Probleme mit der Bedienung auf dem Touchscreen, nehmen Sie *Touch-Anpassungen* vor, etwa die Zeit, die vergehen muss, damit das Antippen mit dem Finger als solches erkannt wird. Mit der Funktion *Zum Aufwecken tippen* entscheiden Sie, ob das iPhone durch Antippen des Displays aus dem Stand-by-Modus aufgeweckt werden soll oder nicht.

Bedienungshilfe	Funktion
	Zum Widerrufen schütteln funktioniert so: Haben Sie sich vertippt und möchten lediglich die letzte Eingabe rückgängig machen? Dazu schütteln Sie Ihr iPhone und wählen anschließend die Option *Widerrufen*. Unter dem Eintrag *Anrufaudioausgabe* können Sie festlegen, ob die Anrufannahme immer auf einem Headset oder dem Lautsprecher erfolgen soll.
Face ID & Aufmerksamkeit	Bei einem iPhone mit Face ID können Sie festlegen, ob Sie zum Entsperren in die Kamera blicken müssen oder nicht. Auch bei bestimmten Funktionen wird auf diese Weise Ihre Aufmerksamkeit geprüft.
Schalter-steuerung	Dank der Schaltersteuerung lässt sich das iPhone auf vielfältige Weise bedienen – unter anderem auch durch Geräusche. Aktivieren Sie dazu in den Bedienungshilfen unter *Schaltersteuerung* die Option *Schaltersteuerung*. Tippen Sie dann auf *Schalter* und wählen Sie *Neuen Schalter hinzufügen*. Entscheiden Sie sich für die »Quelle« *Geräusch* und bestimmen Sie anschließend, welches Geräusch einer Menüauswahl dienen soll.
Sprachsteuerung	Die Sprachsteuerung ermöglicht eine iPhone-Bedienung komplett ohne motorische Aktionen. Eine Übersicht über die Befehle, die Ihnen für die Sprachsteuerung zur Verfügung stehen, erhalten Sie, wenn Sie unter *Sprachsteuerung* auf den Eintrag *Befehle* tippen.
Blickerfassung	Auch mit Ihren Blicken können Sie das iPhone steuern. Dazu aktivieren Sie zunächst die Option *Blickerfassung* und richten diese ein. Anschließend können Sie z. B. eine App oder einen Menüpunkt durch Anschauen und Verweilen mit dem Blick aufrufen. Auch das mit der Blickerfassung aktivierte AssistiveTouch-Menü zur Auswahl von Optionen lässt sich durch Anblicken öffnen.

Bedienungshilfe	Funktion
Kopferfassung	Steuern Sie Ihr iPhone durch Kopfbewegungen oder verschiedene Handlungen wie das Hochziehen Ihrer Augenbrauen.
Seitentaste	Legen Sie fest: Wie schnell muss das doppelte oder dreifache Drücken der Seitentaste erfolgen, um als Doppel- bzw. Dreifachtipp erkannt zu werden? Hier passen Sie die Geschwindigkeit an Ihre Bedürfnisse an.
Kamerasteuerung	Bestimmen Sie hier, wie Sie die Kamerasteuerungstaste an einem entsprechenden iPhone drücken müssen, um die verschiedenen Kameraoptionen zu nutzen.
Geräte in der Nähe steuern	Diese Funktion erlaubt es, andere Geräte zu steuern, die den gleichen iCloud-Account verwenden, etwa um die Medienwiedergabe zu pausieren und fortzusetzen.
Hörhilfen	Wenn Sie über ein Hörgerät mit entsprechender Funktion verfügen, lässt sich dieses unter *Hörhilfen* mit dem iPhone verbinden. Unterstützt werden mit »Made for iPhone« gekennzeichnete Hörgeräte und Klangprozessoren.
Hörkontrollzentrum	Hier legen Sie fest, welche Optionen Sie im Kontrollzentrum verwenden möchten. Zur Verfügung stehen Kopfhörer-Anpassungen, Hintergrundgeräusche, Live-Mithören sowie Konversationsverstärkung. Um darauf Zugriff zu erhalten, fügen Sie dem Kontrollzentrum das Symbol *Hören* hinzu.
Geräuscherkennung	Dank Geräuscherkennung können Sie es dem iPhone erlauben, ständig auf Geräusche zu achten und Sie im Fall von Geräuschen, die Gefahr bedeuten könnten (z. B. Autohupe, laufendes Wasser usw.), zu warnen.
RTT	RTT ist die Abkürzung für **R**eal-**T**ime **T**ext, also Text in Echtzeit. Die Funktion ermöglicht die Textkommunikation während Ihrer Telefonate mit dem iPhone.

Bedienungshilfe	Funktion
Audio/Visuelles	Schalten Sie unter diesem Eintrag zwischen Stereoklang und *Mono-Audio* um, aktivieren Sie die Kopfhörer-Anpassungen für unterstützte Kopfhörer, verwenden Sie die *Geräuschunterdrückung* oder die Lautstärke-*Balance*. Darüber hinaus können Sie mit der Option *LED-Blitz bei Hinweisen* Hinweistöne und Vibrationen beim Eingehen neuer E-Mails und Co. durch den eingebauten LED-Blitz visualisieren lassen.
Untertitel & erweiterte UT	Diese Möglichkeit dient dem Einblenden von Untertiteln bei der Videowiedergabe.
Live-Untertitel	Bei Live-Untertiteln werden die Untertitel mithilfe künstlicher Intelligenz erzeugt. Live-Untertitel können unter anderem auch bei Telefonaten verwendet werden. Ist die Funktion eingeschaltet, gibt das iPhone alles als Text aus, was das Mikrofon erfasst.
Musikhaptik	Diese Funktion gibt bei der Musikwiedergabe ein haptisches Feedback, um auch Gehörlose am Musikgenuss teilhaben zu lassen. Das funktioniert aber nur bei Musiktiteln, die diese Funktion unterstützen.
Live-Sprachausgabe	Lassen Sie das iPhone für sich sprechen, z. B. wenn Sie einen Anruf erhalten, aber gerade nicht bei Stimme sind.
Eigene Stimme	Bringen Sie dem iPhone Ihre Stimme bei. Dazu müssen Sie einige Sätze vorlesen, anschließend können Sie dann geschriebene Sätze mit Ihrer Stimme aussprechen lassen. Die Funktion stand bei Redaktionsschluss allerdings nur für Englisch, Spanisch und Chinesisch zur Verfügung.
Stimmkurzbefehle	Mit den Stimmkurzbefehlen lassen sich zahlreiche Aktionen ausführen. Sie können – gemäß Ihrem Sprechvermögen – individuelle Sprachbefehle erstellen.

Bedienungshilfe	Funktion
Tastaturen & Texteingabe	Unter diesem Eintrag können Sie eine schwebende Texteingabe aktivieren, sich bestimmte Eingaben vorlesen lassen, die Tastatur verwenden, aber auch Einstellungen zu Tastenwiederholung, Einfingerbedienung und Tastenverzögerung vornehmen.
Apple TV Remote	Wenn Sie Ihr iPhone als Apple-TV-Fernsteuerung verwenden, können Sie dies entweder durch Tasten oder durch Streichgesten tun. Dies bestimmen Sie hier.
Geführter Zugriff	Verwenden Sie den geführten Zugriff, um das Aktivieren nicht gewünschter Funktionen von vornherein auszuschließen oder bei bestimmten Funktionen eine »Kindersicherung« für andere Nutzer einzubauen.
Unterstützender Zugriff	Mit dem unterstützenden Zugriff können Sie die Darstellungen auf dem Home-Bildschirm auf ein Minimum beschränken. Die iPhone-Nutzung wird dadurch allerdings stark eingeschränkt. Der unterstützende Zugriff wird zunächst konfiguriert und mit einem Code versehen. Zum Beenden wird dreimal die Seitentaste gedrückt – auch dazu ist die Code-Eingabe erforderlich.
Siri	Nehmen Sie Einstellungen zu Siri vor, etwa zur Pausenzeit oder zum Sprechtempo.
Kurzbefehl	Hier entscheiden Sie, welche Bedienungshilfe Sie durch dreimaliges Drücken der Seitentaste schnell hintereinander aufrufen möchten. Wenn Sie nur eine Bedienungshilfe auswählen, wird diese direkt aktiviert, bei mehreren ausgewählten Bedienungshilfen erhalten Sie beim Dreifachklick ein entsprechendes Auswahlmenü.
App-spezifische Einstellungen	Sie können verschiedene Bedienungshilfen, etwa das Verwenden von fettem Text, für einzelne Apps konfigurieren, und zwar unter diesem Eintrag. Fügen Sie die App hinzu und wählen Sie anschließend die Bedienungshilfen aus, die für diese App angewendet werden sollen.

Bedienungshilfe	Funktion
Einstellungen für Bedienungshilfen teilen	Sie können unter diesem Eintrag entscheiden, ob Sie Ihre Einstellungen für die Bedienungshilfen auch auf anderen Geräten verwenden möchten. Das ist vorübergehend sogar bei geliehenen Geräten möglich.

Live Text aus Fotos, Videos oder der Kamera extrahieren

Mit der Funktion *Live Text* können Texte aus gespeicherten Fotos und Videobildern extrahiert werden sowie aus Text, den Sie mit der iPhone-Kamera erfassen.

Der extrahierte Text lässt sich zum Beispiel in die Zwischenablage kopieren, nachschlagen oder übersetzen. Wie das Ganze funktioniert, zeigt Ihnen die folgende Anleitung anhand von *Live Text*, der mit der Kamera erfasst wird und anschließend übersetzt werden soll.

1 Richten Sie die Kamera auf den Text.

2 Dass Text erkannt wurde, wird Ihnen durch das markierte Symbol angezeigt. Tippen Sie es an.

3 Der erkannte Text wird hervorgehoben. Wählen Sie nun z. B. *Übersetzen*, um eine automatische Übersetzung zu erhalten.

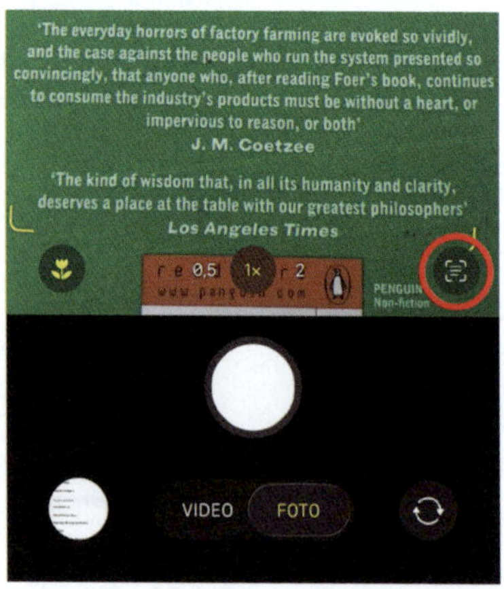

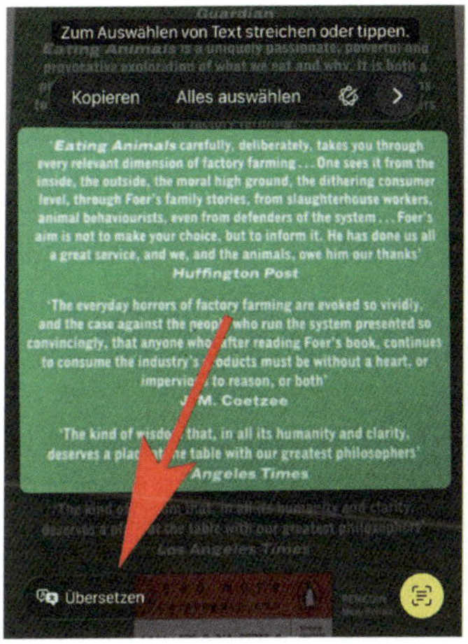

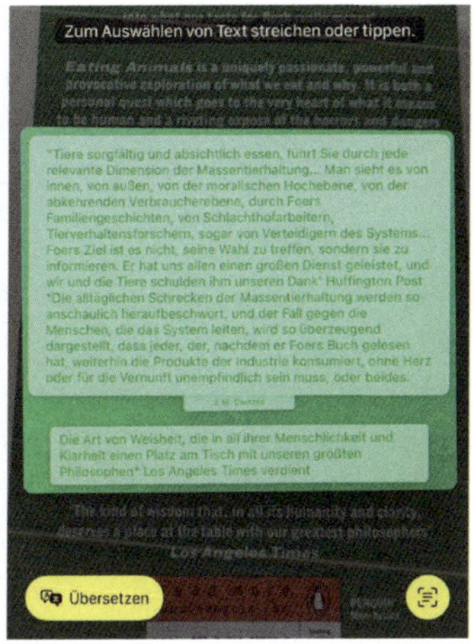

Nervende Tastaturfunktionen abschalten

Die meisten Tastaturfunktionen auf Ihrem iPhone sind sehr praktisch, manche könnten sie jedoch auch als nervig empfinden. Wie Sie potenziell nervende Funktionen mit wenigen Handgriffen deaktivieren, lesen Sie im Folgenden.

Keine Textvorschläge gewünscht?

Vielleicht fühlen Sie sich durch die Wortvorschläge während des Eintippens von Text eher gestört und möchten diese Funktion lieber abschalten? Möchten Sie die Textvorschläge oberhalb der Tastatur ausblenden, gehen Sie in die *Einstellungen*, wählen *Allgemein* und dann *Tastatur*, um schließlich den Schalter *Textvorschläge* zu deaktivieren.

Intelligente Interpunktion verwenden – oder eher nicht?

Auch die intelligente Interpunktion gibt nicht nur Anlass zur Freude. Die Funktion dient dazu, eingegebene Satzzeichen automatisch dem jeweiligen Text anzupassen. Manchmal erfolgen jedoch nicht gewünschte Korrekturen, so wird etwa aus zwei Bindestrichen einfach ein langer Strich gemacht. Das Deaktivieren der Option *Intelligente Interpunktion* erfolgt ebenfalls in den *Einstellungen* unter *Allgemein* und dort unter *Tastatur*.

Schneller umschalten

Wenn Sie auf der iPhone-Tastatur von Klein- auf Großschreibung umschalten möchten, können Sie einfach die ⇧-Taste antippen und gedrückt halten und dann mit dem Finger zum gewünschten Buchstaben ziehen. Und falls Sie beim Eintippen eines Textes mal auf dem falschen Buchstaben landen sollten, brauchen Sie den Finger lediglich auf den gewünschten anderen Buchstaben zu ziehen – das iPhone setzt nur den Buchstaben, den Sie zuletzt loslassen. Dank der QuickPath-Funktion können Sie auch ganze Wörter »streichen« statt zu tippen, indem Sie ohne Pause zu den Buchstaben der Wörter ziehen.

Tastatur eines Drittanbieters nutzen

Falls Ihnen die Standardtastatur des iPhones nicht zusagt, lässt sich diese durch die Tastatur eines Drittanbieters ersetzen. Wenn Sie im App Store nach dem Begriff *tastatur* suchen, finden Sie eine stattliche Anzahl entsprechender Apps. Hier stelle ich das Einrichten anhand der App *Gboard* von Google vor:

1 Laden Sie die Tastatur-App aus dem App Store.

2 Wählen Sie in den *Einstellungen* unter *Allgemein/Tastatur/Tastaturen* die Option *Tastatur hinzufügen*.

3 Entscheiden Sie sich für die heruntergeladene Drittanbieter-App.

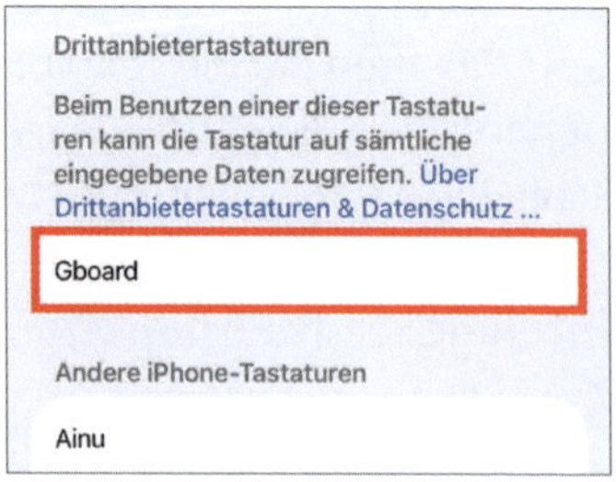

4 Tippen Sie die hinzugefügte Tastatur gegebenenfalls anschließend an, um ihr per Schalter den vollen Zugriff zu erlauben. Achtung! Voller Zugriff bedeutet, dass der Entwickler sehr viele Daten von Ihnen sammeln kann. Gestatten Sie den Vollzugriff also nur absolut seriösen Anbietern!

Datei per Drag and Drop verschieben

Wollen Sie eine Datei von einer App in eine andere verschieben, können Sie die Technik Drag and Drop verwenden. Möchten Sie zum Beispiel eine Bilddatei von einer Webseite in ein Notizblatt der App *Notizen* übernehmen, gehen Sie folgendermaßen vor: Halten Sie das Bild auf der Webseite gedrückt und machen Sie eine kleine Ziehbewegung, sodass das Bild in einer Miniversion dargestellt wird.

Mit der anderen Hand ziehen Sie den App-Umschalter vom unteren Displayrand auf das Display bzw. rufen den Home-Bildschirm auf. Öffnen Sie die gewünschte App, in diesem Fall die App *Notizen*. Ziehen Sie die Bilddatei in das Notizblatt und lassen Sie es erst dort los.

Copy and Paste von Bildern

Oder möchten Sie ein Bild von einer Webseite in die Zwischenablage kopieren? Halten Sie das Bild dazu gedrückt. Es öffnet sich ein Menü, in dem Sie *Kopieren* wählen. Wiederum entscheiden Sie sich in einer anderen App, etwa in der App *Notizen*, für die Option *Einsetzen*. Mit *In „Fotos" sichern* können Sie ein Bild alternativ in der App *Fotos* speichern. Achten Sie beim Kopieren darauf, dass dem Bild kein Link mehr zugrunde liegt – ansonsten wird nur der Link kopiert, nicht das Bild selbst.

Eins, zwei, drei ein Motiv freistellen

Drag and Drop, das funktioniert nicht nur mit kompletten Bildern, sondern auch mit Motiven, die Sie in einem Bild freistellen.

Die folgende Anleitung beschreibt die Vorgehensweise Schritt für Schritt.

1 Öffnen Sie die App *Fotos* und wählen Sie das Bild mit dem freizustellenden Motiv aus.

2 Halten Sie das Motiv gedrückt, sodass es von einem Licht umrundet wird. Dies signalisiert die Freistellung.

3 Ziehen Sie das Motiv nun aus dem Bild heraus. Sie werden vielleicht bemerken, dass die Freistellung des Motivs nicht immer ganz perfekt gelingt.

4 Dann geht es weiter mit dem oben beschriebenen Drag and Drop: Rufen Sie die App auf, in die Sie das freigestellte Motiv einfügen möchten. Hier wähle ich erneut ein Notizblatt in der App *Notizen*.

5 Ziehen Sie das freigestellte Motiv in das Notizblatt und lassen Sie es dort los – prompt wird es eingefügt.

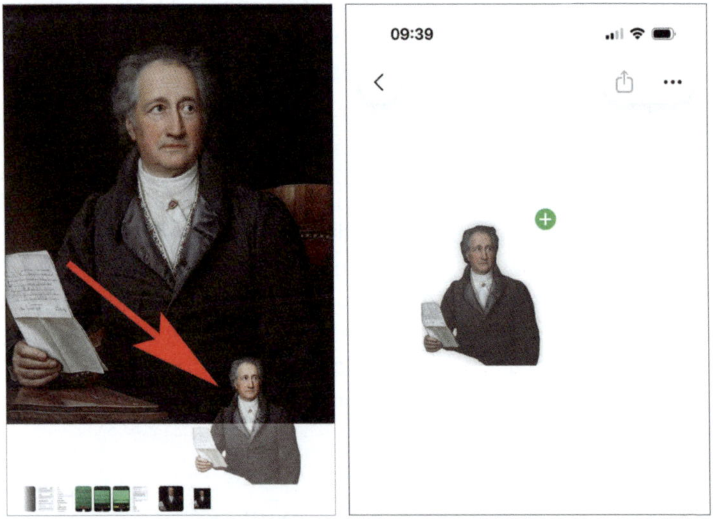

Falls Ihnen Drag and Drop zu fummelig sein sollte, wählen Sie nach dem Freistellen die Menüoption *Kopieren* und fügen das freigestellte Motiv andernorts mit *Einsetzen* ein.

Nützliche Tastaturfunktionen erkunden

Die iPhone-Tastatur ist mini und es erfordert einige Übung, darauf flüssig zu tippen. Mit den folgenden nützlichen Tastaturfunktionen können Sie sich die tägliche Tipparbeit ein wenig erleichtern.

Einhandtastatur aktivieren

Die Einhandtastatur kann Ihnen das Eintippen mit dem Daumen erleichtern. Zum Aktivieren der Einhandtastatur halten Sie auf der Tastatur das Smiley-Symbol 😀 bzw. bei mehreren eingerichteten Tastaturen das Weltkugel-Symbol 🌐 gedrückt. Mithilfe der eingeblendeten Tastatursymbole lässt sich die Tastatur nun auf die linke ⌨ bzw. rechte Seite ⌨ verlagern, je nachdem, ob die Texteingabe mit der linken oder rechten Hand erfolgen soll.

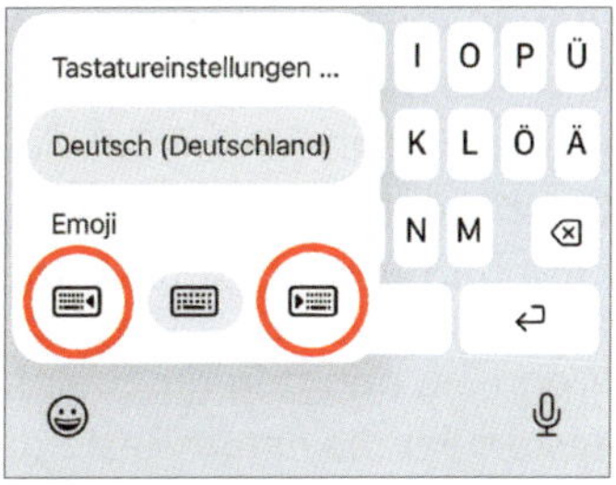

Mithilfe von Symbolen lässt sich die Tastatur auf die linke oder die rechte Display-Seite verlagern, um das komfortable Tippen mit einem Finger zu ermöglichen.

Buchstabenvarianten aufrufen

Auf der iPhone-Tastatur werden nicht sämtliche verfügbaren Buchstabenvarianten eingeblendet. Um Varianten eines Buchstabens aufzurufen, halten Sie die entsprechende Buchstabentaste gedrückt. Halten Sie also beispielsweise die Taste *s* gedrückt, um ein *ß* auswählen zu können, oder halten Sie das *e* gedrückt, wenn Sie *é* eingeben möchten.

Leichter zwischen Groß- und Kleinschreibung wechseln

Sie vermissen auf der iPhone-Tastatur eine Feststelltaste, um mehrere Großbuchstaben hintereinander einzugeben? Doppeltippen Sie zum Feststellen einfach auf die ⇧ -Taste. Ein einfacher Tipp auf die ⇧-Taste löst die Feststellung wieder.

Durch Textersetzung weniger Tipparbeit

Sehr praktisch, um sich einiges an Tipparbeit zu ersparen, ist die Textersetzung, die Sie in den iPhone-Einstellungen einrichten können.

Zukünftig müssen Sie nur einen Kurzbefehl eintippen – dieser wird dann automatisch durch den zugrunde liegenden Text ersetzt. Fügen Sie Ihre individuellen Kurzbefehle über *Einstellungen/Allgemein/Tastatur* und *Textersetzung* hinzu.

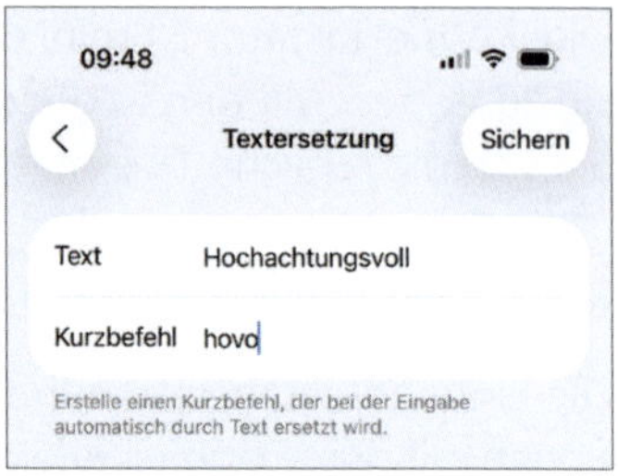

Fügen Sie Kurzbefehle für häufig genutzte Phrasen hinzu.

Wenn Sie nun den Kurzbefehl irgendwo eingeben und die *Leerzeichen*-Taste oder die *Return*-Taste drücken, wird der Kurzbefehl automatisch in den entsprechenden Text umgewandelt.

5. Dank App-Mediathek, Suche und Ordnern alle Apps schnell finden

Wenn Sie Ihr iPhone frisch in Betrieb nehmen, ist der Home-Bildschirm noch einigermaßen übersichtlich und besteht aus lediglich zwei Seiten mit Apps. Aber das kann sich im Lauf der Zeit rasch ändern, wenn Sie immer mehr Apps installieren. In diesem Kapitel erhalten Sie wichtige Tipps und Tricks, um selbst bei Hunderten auf dem iPhone installierter Apps den Überblick zu behalten.

Standard-Apps festlegen

Zunächst einmal sind Sie nicht an die standardmäßigen iPhone-Apps gebunden. Theoretisch können Sie Apps auch außerhalb des App Stores installieren, was ich aber aus Sicherheitsgründen nicht empfehle. Die relativ gründliche Prüfung von Apps durch Apple hat viel für sich. Auf Ihrem iPhone mit iOS 26 lassen sich die Standard-Apps kinderleicht bestimmen.

1 Öffnen Sie die *Einstellungen* und entscheiden Sie sich ganz unten für den Eintrag *Apps*.

2 Oberhalb der App-Liste wird Ihnen der Eintrag *Standard-Apps* angezeigt, den Sie antippen.

3 Wählen Sie eine Funktion aus, für die Sie die Standard-App ändern möchten, hier z. B. *Übersetzung*.

4 Legen Sie die gewünschte Standard-App fest.

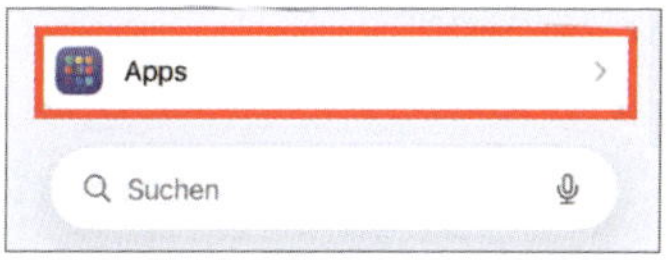

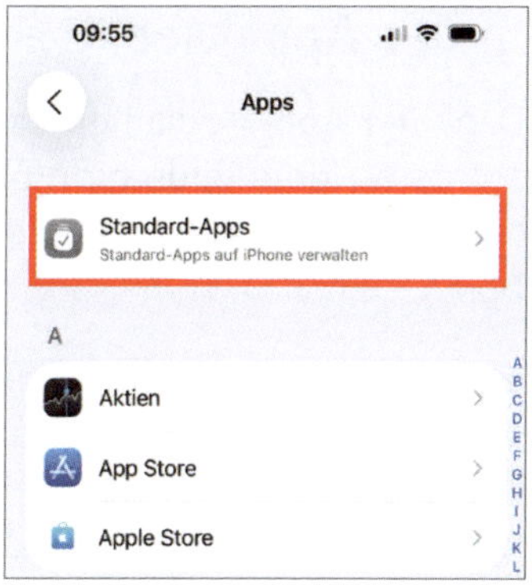

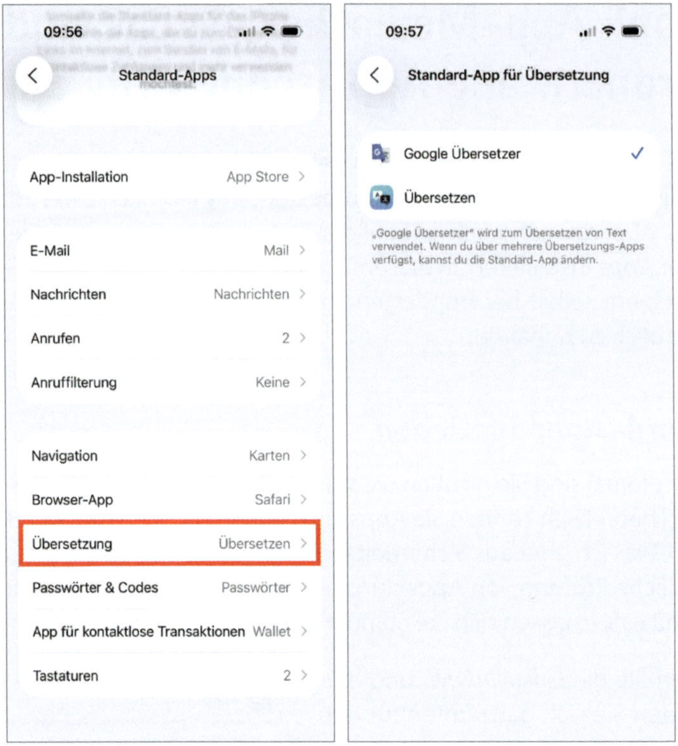

In der App-Mediathek auf Ihre Apps zugreifen

Dank der App-Mediathek müssen Sie Ihre Apps nicht mehr unbedingt auf dem Home-Bildschirm platzieren. Sie blenden die App-Mediathek rechts neben dem Home-Bildschirm – also den Seiten mit den App-Symbolen – ein.

In der App-Mediathek sind die auf Ihrem iPhone befindlichen Apps (mehr oder weniger sinnvoll) automatisch sortiert, zudem können Sie Apps mithilfe des eingebauten Suchfelds durchsuchen oder per Register auswählen, das erscheint, wenn Sie die App-Mediathek nach unten streichen.

In der App-Mediathek finden Sie alle Apps, die auf Ihrem iPhone installiert sind.

Nur App-Mediathek oder auch Home-Bildschirm?

Um festzulegen, ob neue Apps nur in der App-Mediathek oder auch auf dem Home-Bildschirm abgelegt werden sollen, öffnen Sie die *Einstellungen*.

Entscheiden Sie sich für den Eintrag *Home-Bildschirm & App-Mediathek* und wählen Sie zwischen den Optionen *Zum Home-Bildschirm* und *Nur App-Mediathek*. Sie können Apps auch später noch vom Home-Bildschirm entfernen bzw. aus der App-Mediathek auf den Home-Bildschirm legen.

Neue Apps nur in der App-Mediathek oder auch auf dem Home-Bildschirm? Entscheiden Sie selbst!

Apps in die App-Mediathek bewegen

Viele Apps, die Sie auf Ihrem iPhone installiert haben, werden Sie nur selten nutzen. Solche selten genutzten Apps können Sie entweder, wie ich es Ihnen gleich noch zeigen werde, in App-Ordnern ablegen. Oder Sie können sie auch komplett vom Home-Bildschirm entfernen und nur in der App-Mediathek speichern. Um eine App vom Home-Bildschirm zu entfernen und dann nur noch in der App-Mediathek verfügbar zu haben, halten Sie die App gedrückt und wählen im Kontextmenü *App entfernen*. Nun wird Ihnen ein weiteres Menü angezeigt, in dem Sie sich für die Option *Vom Home-Bildschirm entfernen* entscheiden.

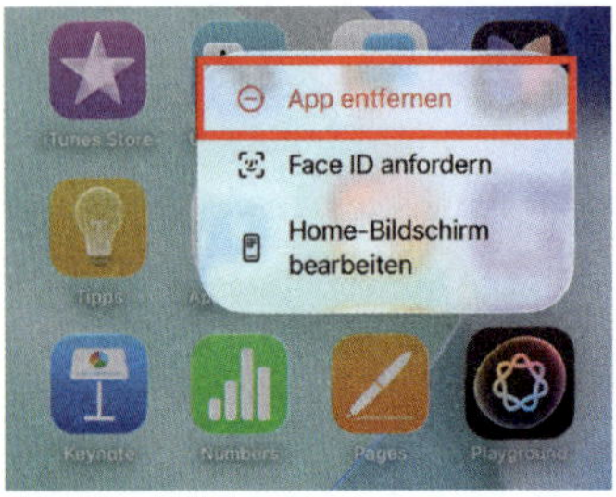

Apps lassen sich löschen oder lediglich vom Home-Bildschirm entfernen.

Möchten Sie die App hingegen komplett vom iPhone entfernen, wählen Sie im App-Kontextmenü *App entfernen* und dann *App löschen*. Ist eine App nur noch in der App-Mediathek gespeichert, halten Sie diese in der App-Mediathek und wählen im Kontextmenü *App löschen*.

Eine App lässt sich nicht löschen?

Ein paar Apps, etwa die Browser-App *Safari*, lassen sich nicht löschen, aber Sie können sie zumindest ausblenden. Dazu aktivieren Sie in den iPhone-Einstellungen unter *Bildschirmzeit* und dort unter *Beschränkungen* die gleichlautende Option.

Deaktivieren Sie dann unter *Erlaubte Apps* diejenigen Apps, die nicht mehr auf dem iPhone zur Verfügung stehen sollen.

Apps wieder auf dem Home-Bildschirm verfügbar machen

Natürlich können Sie eine App, die nur in der App-Mediathek zur Verfügung steht, auch auf dem Home-Bildschirm verfügbar machen. Tippen Sie die App dazu in der App-Mediathek an und halten Sie sie gedrückt. Im Kontextmenü entscheiden Sie sich für die Option *Zum Home-Bildschirm*.

Mit Spotlight nach Apps und Co. suchen

Sie können mit der eingebauten Spotlight-Funktion nach Apps und allem möglichen anderen suchen.

Tippen Sie oberhalb des Docks auf *Suchen*, um das Suchfeld einzublenden. Alternativ führen Sie hierzu auf dem Home- oder dem Sperrbildschirm eine Streichbewegung nach unten aus.

Tippen Sie z. B. den Namen einer App ein, die Sie benötigen. Bereits während des Eintippens werden Ihnen die passenden Treffer angezeigt.

Durchforsten Sie Ihr iPhone mit Spotlight nach Apps sowie weiteren Inhalten.

App-Ordner erstellen

Auch die klassischen App-Ordner sind ein wertvolles Mittel, um auf dem Home-Bildschirm die Übersicht zu behalten. Apps, die Sie häufig verwenden, platzieren Sie prominent auf den ersten Seiten des Home-Bildschirms. Die allerwichtigsten Apps kommen unten ins Dock, damit Sie auf allen Seiten des Home-Bildschirms darauf zugreifen können. Weniger häufig verwendete Apps sortieren Sie in verschiedene Ordner ein, die Sie thematisch benennen. Erstellen Sie also Ordner wie *Gesundheit*, *Office*, *Medien*, *Unterwegs*, *Sprachen* usw. So wissen Sie stets, wo Sie bestimmte Apps suchen müssen. Neue Ordner sind schnell erstellt:

1 Tippen Sie auf eine freie Fläche des Home-Bildschirms und halten Sie ihn kurz gedrückt, um in den Bearbeitungszustand zu wechseln. Im Bearbeitungszustand können Sie eine App an einen anderen Ort ziehen oder diese durch Antippen des zugehörigen Minussymbols löschen (bzw. in die App-Mediathek bewegen).

2 Um einen Ordner zu erstellen, tippen Sie auf eine App und ziehen diese auf eine thematisch ähnliche App.

3 Der Ordner wird angelegt und automatisch benannt. Den automatisch erzeugten Namen können Sie überschreiben, indem Sie in das Feld für die Bezeichnung tippen.

Um den Ordner zu verlassen, ohne den Bearbeitungszustand zu beenden, tippen Sie auf eine freie Fläche des Home-Bildschirms. Ziehen Sie anschließend weitere Apps auf den Ordner, um sie diesem hinzuzufügen. Möchten Sie den Bearbeitungszustand beenden, tippen Sie rechts oben auf dem Home-Bildschirm auf *Fertig*.

Gut zu wissen: Sowohl auf dem Home-Bildschirm als auch innerhalb eines Ordners lassen sich neue Seiten anlegen, indem Sie eine App über den Rand hinausziehen.

Den iPhone-Speicher stets unter Kontrolle

Der iPhone-Speicher ist buchstäblich kostbar, denn der Preis eines iPhones steigt mit der Speichergröße. Verhindern Sie deshalb, dass der iPhone-Speicher durch Speicherfresser belegt wird!

Um in Erfahrung zu bringen, welche Apps am meisten Speicher belegen (inklusive der in den Apps gespeicherten Inhalte), öffnen Sie die *Einstellungen*. Wählen Sie *Allgemein* und dann *iPhone-Speicher*. Der verbrauchte und noch zur Verfügung stehende Speicherplatz wird Ihnen nun grafisch angezeigt. Unterhalb der grafischen Darstellung erhalten Sie Empfehlungen, wie Sie lokalen Speicher auf dem iPhone sparen können, indem Sie Elemente ins Internet auslagern. Noch weiter unten sehen Sie eine Übersicht über die einzelnen installierten Apps, sortiert nach deren Speicherbedarf – beginnend mit dem höchsten. Speicherintensive Apps, die Sie nicht unbedingt brauchen, können Sie direkt in der Liste antippen und löschen bzw. auslagern.

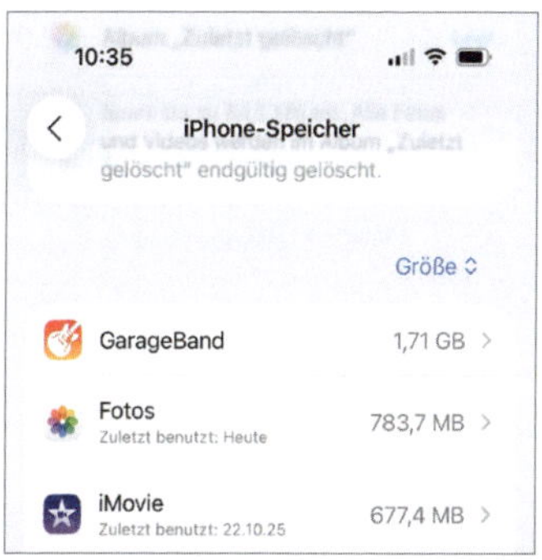

Die Apps werden nach Speicherbedarf sortiert; sparen Sie Speicherplatz, indem Sie unbenutzte Apps auslagern.

Hakelige Apps in den Einstellungen löschen

Es kommt nicht oft vor, dass sich eine App nicht auf herkömmliche Weise auf dem Home-Bildschirm löschen lässt. Wenn doch, klappt das Löschen in der Regel unter *iPhone-Speicher*. Tippen Sie eine App dort an und wählen Sie anschließend *App löschen*, um das Problem zu lösen.

Wenn Sie wissen möchten, wie viele Apps Sie insgesamt installiert haben, wie viele Fotos und Videos Sie gespeichert haben oder wenn Sie wichtige iPhone-Nummern wie die Seriennummer, IMEI und Co. in Erfahrung bringen möchten: Diese Informationen finden Sie in den *Einstellungen* unter *Allgemein* und dort unter *Info*. Nebenbei erhalten Sie hier auch die Möglichkeit, den iPhone-Namen zu ändern.

Apps beenden, die im Hintergrund laufen

Einige Apps laufen im Hintergrund auch dann weiter, wenn Sie eine andere App öffnen. Das ist beispielsweise bei Musik-Apps oder Navigations-Apps der Fall. Um eine im Hintergrund laufende App zu beenden, verwenden Sie den App-Umschalter. Streichen Sie mit dem Finger vom unteren Rand des Home-Bildschirms nach oben und halten Sie dann in der Bewegung inne, um den App-Umschalter einzublenden. Sie erhalten eine Übersicht über die zuletzt verwendeten Apps. Um eine App zu beenden, streichen Sie diese nach oben aus dem Display heraus. Es lassen sich übrigens auch mehrere Apps gleichzeitig herausstreichen.

Einige Apps aktualisieren Inhalte im Hintergrund. Das kann zulasten der Akkulaufzeit gehen und lässt sich entweder komplett oder für einzelne Apps abstellen.

Sie können außerdem festlegen, ob die Hintergrundaktualisierung auch bei der Nutzung mobiler Daten erfolgen soll oder nicht.

Öffnen Sie dazu die *Einstellungen* und wählen Sie unter *Allgemein* den Eintrag *Hintergrundaktualisierung*.

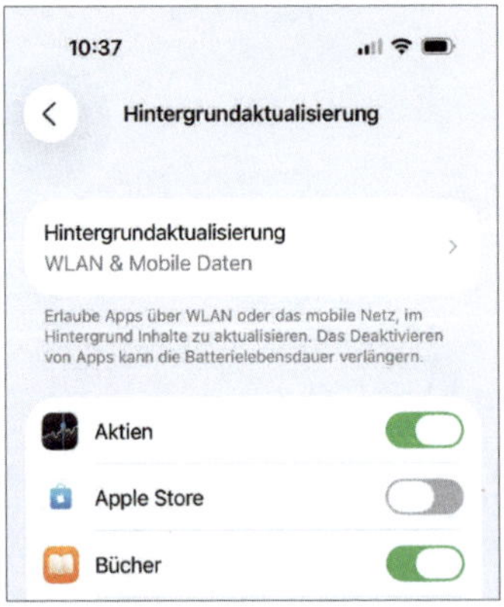

Legen Sie per Schalter fest, welche Apps die Hintergrundaktualisierung nutzen dürfen.

Die Konfiguration von Hintergrundaktualisierung und Co. lässt sich auch in den Einstellungen zur jeweiligen App vornehmen.

Öffnen Sie die *Einstellungen* und streichen Sie nach unten zum Eintrag *Apps* und wählen Sie die entsprechende App aus. Es bietet sich an, bei einer App direkt nach der Installation einen Blick in die zugehörigen Einstellungen zu werfen.

Sparsam mit dem Datenvolumen umgehen

Zu Hause sollten Sie mit dem iPhone grundsätzlich über ein WLAN ins Internet gehen. Zwar wurde das zuletzt bestehende Limit für den Download von Apps mit mehr als 200 MB im Mobilfunknetz gestrichen, und es wird standardmäßig nur noch ein Hinweis ausgegeben. Jedoch wird bei den meisten Mobilfunktarifen die Internetgeschwindigkeit nach dem Aufbrauchen eines bestimmten Datenvolumens stark gedrosselt, sodass Sie auf größere Downloads im Mobilfunknetz besser verzichten sollten.

Gerade bei geringem Datenvolumen ist es wichtig, sich einen Überblick darüber zu verschaffen, welche Apps ständig Daten mit dem Internet austauschen. Bei Apps, die eigentlich gar keine Internetverbindung benötigen sollten, deaktivieren Sie die mobilen Daten einfach.

Den Überblick über die mobile Datennutzung der von Ihnen installierten Apps und die Möglichkeit, den Apps per Schalter die Verwendung der mobilen Daten zu untersagen, finden Sie in den *Einstellungen* unter *Mobilfunk*. Streichen Sie dort nach unten zum Abschnitt *Mobile Daten*, um fündig zu werden.

Leider lassen sich die mobilen Daten nicht für die Systemdienste deaktivieren, die ebenfalls fleißig Daten austauschen. Eine Statistik erhalten Sie, wenn Sie im Abschnitt *Mobile Daten* auf *Systemdienste* tippen. Sie bekommen so zumindest Anhaltspunkte, auf welche Systemfunktionen Sie unterwegs lieber verzichten sollten.

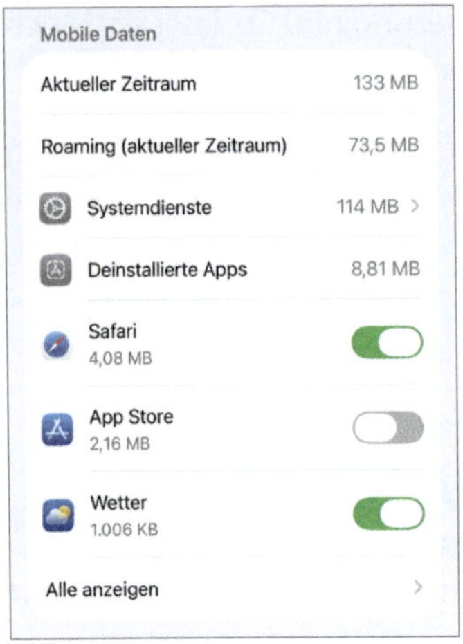

Die mobilen Daten lassen sich für einzelne Apps deaktivieren, um unterwegs Datenvolumen zu sparen.

Den iPhone-Akku fest im Griff

Ein ebenfalls sehr wichtiges Element Ihres iPhones ist der Akku. Sie möchten, dass dieser mit einer Ladung möglichst lange durchhält. Besonders die Internetnutzung, das Betrachten von Videos sowie das Telefonieren saugen am Akku. Neu in iOS 26 ist das Feature *Adaptive Leistung*, also ein angepasster Zugriff auf die Akkukapazität. Damit soll der iPhone-Akku länger durchhalten.

Aber Sie können auch selbst Hand anlegen. Wenn Sie gerade nicht den vollen Funktionsumfang Ihres iPhones benötigen, aktivieren Sie den *Stromsparmodus*, und zwar entweder per Steuerelement im Kontrollzentrum oder in den *Einstellungen* unter *Batterie* und dort unter *Strommodus*.

Der Stromsparmodus reduziert das automatische Abrufen von E-Mails sowie die Hintergrundaktivitäten. Den aktivierten Stromsparmodus erkennen Sie am gelben Batteriesymbol in der Statusleiste. Bei einer Akkuladung von 20 % wird der Stromsparmodus automatisch aktiviert. Die Option *Adaptive Leistung*, die Sie ebenfalls unter *Strommodus* finden, belassen Sie am besten aktiviert.

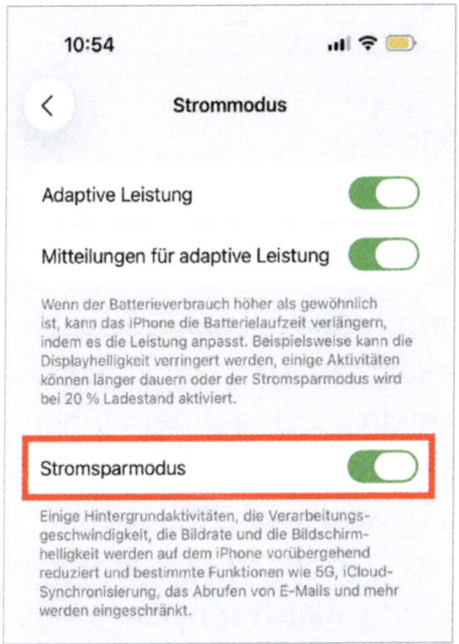

Und falls Sie nicht ständig einen proppenvoll geladenen Akku brauchen: Mit dem optimierten Laden, dass das iPhone in den *Einstellungen* unter *Batterie* und dort unter *Laden* anbietet, können Sie die Lebensdauer des Akkus verlängern. Der Akku wird dann nur bei tatsächlichem Bedarf über ein Limit von 80 % aufgeladen. Sie können alternativ auch ein eigenes Ladelimit festlegen.

Mit dem optimierten Laden können Sie die Lebensdauer des iPhone-Akkus verlängern.

6. Datenschutz und Sicherheit: wichtige Einstellungen

Viele Menschen gehen recht leichtsinnig mit ihren persönlichen Daten um. Die Daten werden im Internet für praktisch alle freigegeben, die sie haben möchten. Bei Facebook und Co. werden sogar persönlichste Daten veröffentlicht. Und das obwohl längst bekannt ist, dass Geheimdienste, Firmen und Co. diese Daten fleißig sammeln. Auch auf dem iPhone gibt es eine Reihe von Funktionen, die im Hinblick auf den Datenschutz grenzwertig sind. Bei anderen Funktionen, beispielsweise iCloud, müssen Sie schlicht entscheiden, ob Sie dem Unternehmen Apple vertrauen, dass mit Ihren übers Internet versandten Daten wirklich sorgsam umgegangen wird. Lernen Sie in diesem Kapitel die für den Datenschutz relevanten Funktionen kennen und erfahren Sie, wie Sie die besten Einstellungen vornehmen.

Apps mit der Face ID schützen

Einzelne Apps gegen unerwünschte Zugriffe schützen – das kennen Sie unter anderem bereits von Ihrer Banking-App. Sie können aber auch beliebige weitere Apps mit der Gesichtserkennung schützen. Nützlich, falls Sie auch andere Personen mit Ihrem iPhone hantieren lassen, aber bestimmte Daten für diese tabu sein sollen.

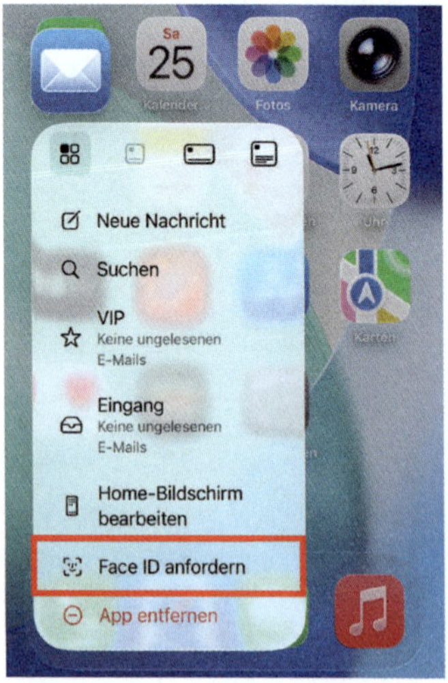

1 Halten Sie eine App, für die Sie die Face ID aktivieren möchten, gedrückt, um das Kontextmenü aufzurufen.

2 Wählen Sie im Kontextmenü den Eintrag *Face ID anfordern*.

3 Bestätigen Sie das Verwenden der Face ID noch mal mit *Face ID anfordern*. Wenn Sie die App öffnen möchten, wird ab sofort, genau wie beim Entsperren des iPhones, die Face ID angefordert.

Ihnen werden gegebenenfalls noch Apps angezeigt, die ohne Face ID auf die Inhalte der App zugreifen. Das würden Sie in den jeweiligen App-Einstellungen ändern.

Möchten Sie das Anfordern der Face ID wieder beenden, halten Sie die App erneut gedrückt und entscheiden sich im Kontextmenü für *Face ID nicht anfordern*.

Kommunikationssicherheit und Warnung vor sensiblen Inhalten

Ihnen stehen auf dem iPhone zwei Funktionen zur Verfügung, die Sie vor dem Erhalten oder versehentlichen Senden von Nacktaufnahmen schützen sollen, die in iOS 26 noch mal erweitert wurden.

Die Funktion *Kommunikationssicherheit* soll dabei vor allen Dingen Kinder und Jugendliche davor bewahren, versehentlich Nacktfotos oder -videos zu empfangen oder gar zu senden.

Die *Warnung vor sensiblen Inhalten* richtet sich hingegen an alle iPhone-Nutzer und kann zum Beispiel Frauen davor schützen, ungewünschte Dickpics zu Gesicht zu bekommen. Nacktaufnahmen werden bei beiden Funktionen unscharf dargestellt, bis die Entscheidung getroffen wird, diese zu betrachten oder eben nicht.

Die Option *Kommunikationssicherheit* aktivieren Sie in den iPhone-Einstellungen unter *Bildschirmzeit* und dort unter dem Eintrag *Kommunikationssicherheit*. Die Option *Warnung vor sensiblen Inhalten* wird hingegen in den iPhone-Einstellungen unter *Datenschutz & Sicherheit* und dort unter dem Eintrag *Warnung vor sensiblen Inhalten* aktiviert und eingerichtet.

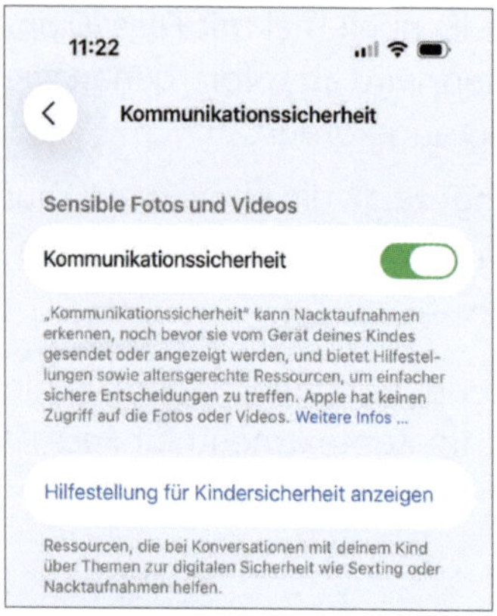

Intime Aufnahmen nur, wenn gewollt – dafür sollen diese zwei Funktionen auf dem iPhone sorgen.

Im Ernstfall: Blockierungsmodus aktivieren

Im Fall von Cyber-Angriffen oder falls Sie das Gefühl haben, dass jemand Ihr iPhone ausspionieren möchte, hilft der *Blockierungsmodus*, diesem Treiben Einhalt zu gebieten. Dazu wird eine Reihe von Funktionen auf dem iPhone abgeschaltet.

Aktivieren Sie den *Blockierungsmodus*, werden unter anderem Nachrichtenanhänge blockiert, geteilte Alben aus der App *Fotos* entfernt, eingehende Einladungen für Apple-Dienste blockiert, bestimmte Funktionen beim Surfen im Internet deaktiviert und noch mehr. Um sich in dieser Hinsicht nicht unnötig einzuschränken, aktivieren Sie den *Blockierungsmodus* also wirklich nur im Ernstfall, und zwar in den *Einstellungen* unter *Datenschutz & Sicherheit* und dort unter *Blockierungsmodus*.

Der Blockierungsmodus verhindert den Zugriff auf Ihre Daten im Fall einer Cyber-Attacke.

Sicherheitsprüfung und Notfall-Reset

Weitere etwas versteckte Sicherheitsfunktionen sind die Sicherheitsprüfung und der mögliche Notfall-Reset. Diese Funktionen sind für den Fall von Bedrohungen im persönlichen Umfeld gedacht, etwa bei häuslicher Gewalt oder Stalking.

Mit wenigen Handgriffen können dank dieser Funktion erteilte Freigaben zurückgezogen werden. Führen Sie die Aktion *„Teilen & Zugriff" verwalten* in den *Einstellungen* unter *Datenschutz & Sicherheit/Sicherheitsprüfung* durch.

Noch einen Schritt weiter geht der *Notfall-Reset*, den Sie ebenfalls unter *Datenschutz & Sicherheit/Sicherheitsprüfung* auswählen können. Entscheiden Sie sich für diese Option, wird nicht nur das Teilen mit allen Personen beendet, sondern es wird auch noch ein neues Passwort für den Apple Account angelegt, außerdem lassen sich Notfallkontakte hinzufügen bzw. entfernen.

Lassen Sie dank der Sicherheitsprüfung Stalkern keine Chance.

Ihre Passwörter komfortabel verwalten

Zum Thema Sicherheit gehören natürlich auch Ihre gespeicherten Passwörter und Passkeys. Für die Verwaltung Ihrer Zugangsdaten steht die App *Passwörter* zur Verfügung. Sie können sich darin alle Ihre Zugangsdaten ansehen, aber auch neue Passwörter anlegen.

In der App finden Sie außerdem Hinweise, falls es bei einzelnen Passwörtern Sicherheitsprobleme gibt. Nicht zuletzt können Sie auch Zugangsdaten mit anderen Personen teilen, seien Sie dabei aber vorsichtig!

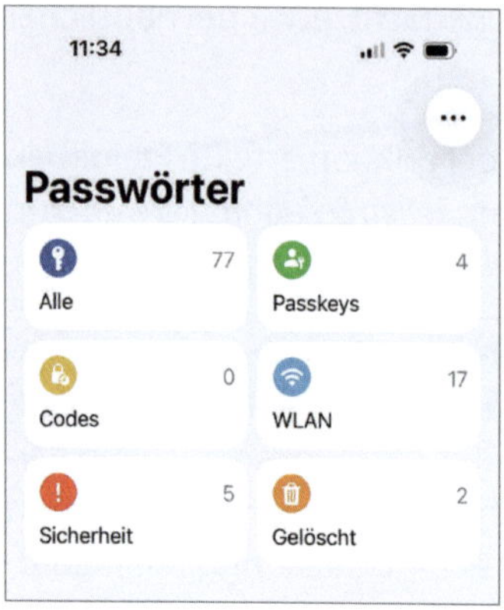

Beachten Sie in der Passwörter-App in jedem Fall die Hinweise unter »Sicherheit«!

Ihre E-Mail-Adresse verbergen

Wenn Sie auf einer Webseite oder in einer App – sofern diese Option angeboten wird – die Anmeldung mit Ihrem Apple Account wählen (*Mit Apple anmelden* o. Ä.), können Sie die eigene E-Mail-Adresse durch eine zufällig generierte E-Mail-Adresse ersetzen, sodass diesen Diensten Ihre persönliche E-Mail-Adresse unbekannt bleibt. Mit einem kostenpflichtigen iCloud-Abo – iCloud+ genannt – ist dies auch unabhängig von der Anmeldung mit Apple möglich.

Die Einstellungen für das Verbergen Ihrer E-Mail-Adresse sind etwas verborgen. Öffnen Sie die *Einstellungen*, tippen Sie oben auf Ihren Benutzernamen.

Wählen Sie anschließend *iCloud*, tippen Sie auf *Alle anzeigen*, scrollen Sie nach unten und finden Sie schließlich unter dem Eintrag *E-Mail-Adresse verbergen* die gesuchte Funktion.

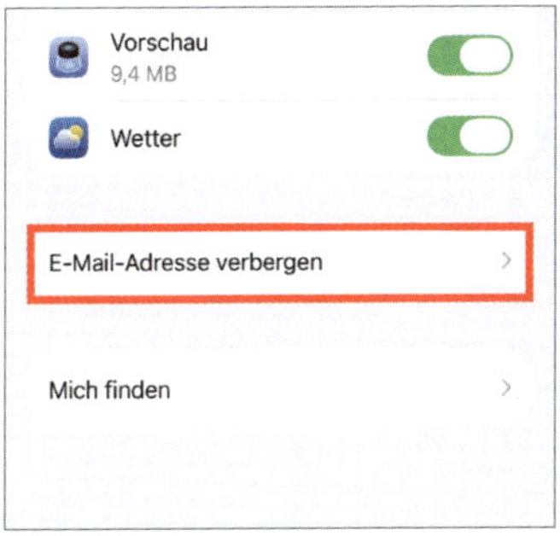

Schließen Sie ein iCloud-Abo ab, erhalten Sie nicht nur mehr Cloud-Speicher, sondern können unter anderem Ihre E-Mail-Adresse verbergen.

Etwas anderes ist der E-Mail-Datenschutz, der auf Ihrem iPhone standardmäßig bereits aktiviert ist und verhindert, dass bestimmte E-Mail-Aktivitäten verfolgt werden können.

Zum Beispiel soll verhindert werden, dass ein Newsletter-Versender darüber informiert wird, wenn Sie den entsprechenden Newsletter aufrufen. Um sich zu versichern, dass der E-Mail-Datenschutz auch auf Ihrem iPhone aktiviert ist, wählen Sie in den *Einstellungen* unter *Apps* den Eintrag *Mail* und dann *Datenschutz*.

Weitere wichtige Datenschutz-Einstellungen vornehmen

Wenn eine App, die Sie auf Ihrem iPhone installieren, auf eine sensible Funktion zugreifen möchte – etwa die Ortungsdienste, Ihre Kontakte, Ihre Fotos, das Mikrofon usw. –, werden Sie zuvor in einem Hinweisfenster gefragt, ob Sie das gestatten.

Seien Sie hierbei nicht zu vorschnell, sondern überlegen Sie sich genau, welcher App Sie den Zugriff erlauben möchten! Ist der App-Entwickler bekannt? Ist der Zugriff auf die Kontakte oder das Mikrofon für die Nutzung der App wirklich notwendig?

Was den Zugriff auf Ihren Standort betrifft: Sie haben die Möglichkeit, statt Ihres genauen Standorts nur einen ungefähren Standort für die App freizugeben. Im entsprechenden Hinweisfenster tippen Sie auf *Genau: Ein*, um die genaue Ortung auszuschalten.

Lesen Sie sich, bevor Sie zustimmen, gut durch, auf welche Daten und Funktionen die App zugreifen möchte; die Ortungsdienste können Sie auf den ungefähren Standort beschränken.

Wenn Sie einer App den Zugriff auf eine bestimmte Funktion erlauben, können Sie diese Erlaubnis später jederzeit widerrufen.

Öffnen Sie dazu die *Einstellungen* und wählen Sie den Eintrag *Datenschutz & Sicherheit*. Sie erhalten direkt einen Überblick über die einzelnen Funktionen.

Unter iOS 26 sind dies:

- Ortungsdienste (zur Ermittlung Ihres Standorts)
- Tracking (zur Erfassung Ihrer Aktivitäten in Apps und auf Websites, im Zweifelsfall besser deaktivieren!)

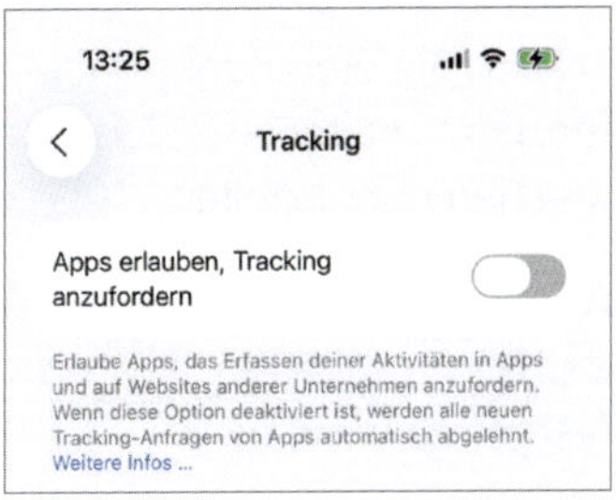

- Kalender
- Kontakte
- Dateien & Ordner
- Fokus
- Health
- Home-Geräte
- Medien & Apple Music
- Zugriff auf Passkeys für Webbrowser
- Fotos
- Erinnerungen
- Wallet
- Zubehör
- Bluetooth (für den drahtlosen Datenaustausch)
- Kamera
- Dringende Nachrichten
- Lokales Netzwerk (für den Zugriff von Apps auf das lokale Netzwerk, also Ihr WLAN)
- Mikrofon
- Bewegung & Fitness
- Interaktionen in der Nähe (für drahtlose Entfernungsmessung)
- Gekoppelte Geräte

- Sensor- und Nutzungsdaten (nach Angaben von Apple »vertrauliche Forschungsdaten«, also besser deaktiviert lassen!)
- Spracherkennung

Tippen Sie eine Funktion an, um zu sehen, welche Apps darauf zugreifen. Per Schalter lässt sich eine Zugriffserlaubnis nachträglich rückgängig machen bzw. erteilen.

Alternativ können Sie eine App auch einfach neu installieren, denn nach der Neuinstallation müssen die Zugriffseinstellungen für eine App neu festgelegt werden.

Versteckte Schnüffelfunktionen deaktivieren

Auch direkt im System sind ein paar Funktionen enthalten, die Sie aus Gründen des Datenschutzes vielleicht lieber deaktivieren möchten. In erster Linie geht es dabei um Funktionen, die dazu dienen, Ihnen möglichst maßgeschneiderte Werbung unterzujubeln. Aber manchmal auch um den Versand sensibler Daten an die Apple-Server.

Das Senden von Analysedaten unterbinden

Bei der Einrichtung des iPhones werden Sie kurz gefragt, ob Sie Analysedaten an Apple senden möchten oder nicht. Sofern Sie zugestimmt haben, sollten Sie sich überlegen, diese Funktion nachträglich zu deaktivieren. Sie hilft in erster Linie Apple, um technische Verbesserungen durchführen zu können. Für Sie als Nutzer ist sie eher heikel, da auch persönliche Daten unbemerkt übers Internet verschickt werden können.

Um das Senden von Analysedaten zu stoppen, öffnen Sie die *Einstellungen* und wählen die Option *Datenschutz & Sicherheit*. Relativ weit unten finden Sie den Eintrag *Analyse & Verbesserungen*, den Sie antippen. Deaktivieren Sie dort alle Schalter, unter anderem *iPhone-Analyse teilen*.

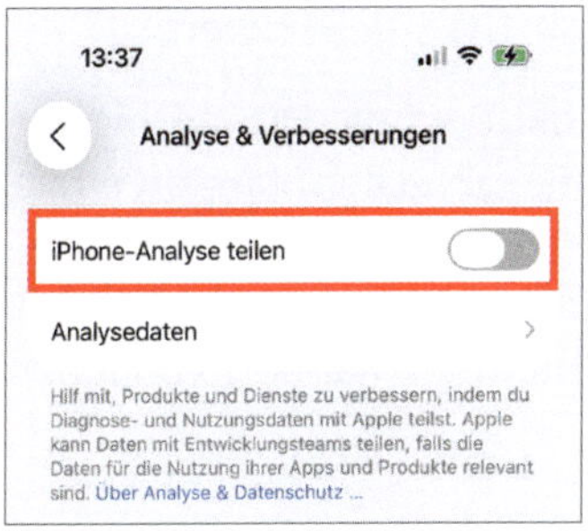

Auf das Senden von Analysedaten sollten Sie aus Gründen des Datenschutzes lieber verzichten.

Selbst auf Analysedaten zugreifen

Die Analysedaten bleiben auch dann auf dem iPhone gespeichert, wenn Sie das Senden deaktivieren. Wenn Sie sich die Daten selbst mal ansehen wollen, tippen Sie unter *Analyse & Verbesserungen* auf *Analysedaten* und wählen anschließend einen der Einträge aus.

Personalisierte Werbung abstellen

Auf Ihrem iPhone gibt es gleich mehrere versteckte Funktionen, mit deren Hilfe Ihnen passende Werbung präsentiert werden soll. Die offensichtlichste dieser Funktionen nennt sich *Personalisierte Werbung.*

Die Funktion wird Ihnen wie ein Vorteil verkauft, aber auf Sie zugeschnittene Werbung ist doch eher ein Übergriff auf Ihre persönlichen Daten – für Apple hingegen ist die Werbung ein Riesengeschäft. Um die personalisierte Werbung abzustellen, wählen Sie in den *Einstellungen* unter *Datenschutz & Sicherheit* den Eintrag *Apple-Werbung* und deaktivieren den Schalter *Personalisierte Werbung.*

Auf personalisierte Werbung können Sie getrost verzichten.

Ortsabhängige Vorschläge und wichtige Orte deaktivieren

Verschiedene Systemdienste greifen ungefragt auf die Ortungsdienste Ihres iPhones zu, sprich: können jederzeit Ihren aktuellen Standort ermitteln. Dagegen ist nichts einzuwenden, wenn der Zugriff auf die Ortungsdienste beispielsweise zum Einstellen der iPhone-Uhr erfolgt. Aber bei einigen der Systemdienste ist der Zugriff auf Ihren Standort von Ihnen eher nicht gewünscht.

Öffnen Sie deshalb ein weiteres Mal die *Einstellungen* und gehen Sie auf *Datenschutz & Sicherheit*. Entscheiden Sie sich ganz oben für *Ortungsdienste*, streichen Sie ganz nach unten und tippen Sie dort auf den Eintrag *Systemdienste*. Ihnen wird eine ganze Reihe von Optionen präsentiert. Deaktivieren sollten Sie besser:

- *Apple Pay-Händler-ID:* Mit dieser Option werden Apple-Pay-Händler in der Nähe Ihres Standorts lokalisiert. Auch wenn Sie Apples Zahlungsdienst Apple Pay nutzen, ist dies nicht unbedingt notwendig.
- *Vorschläge & Suche:* Diese Option wird von Apple genutzt, um Ihnen zu Ihrem Standort passende Suchvorschläge und gegebenenfalls News anzubieten. Darauf können Sie aber zugunsten von mehr Datenschutz gut verzichten.
- *Wichtige Orte & Routen:* Bei aktivierter Option wird gespeichert, wo Sie sich besonders häufig aufhalten und welche Strecken Sie öfter fahren. Wählen Sie hier auch *Verlauf löschen*, um die bereits gespeicherten Daten zu bereinigen.

- *Produktverbesserungen:* In diesem Abschnitt deaktivieren Sie alle vorhandenen Optionen, da sie nicht Ihnen, sondern nur Apple dienen.

Vorschläge und Tracking in der Browser-App Safari stoppen

Für die Browser-App *Safari* sind gesonderte Einstellungen notwendig, was Vorschläge und Tracking anbelangt. Öffnen Sie dazu die *Einstellungen*, tippen Sie dort auf *Apps* und wählen Sie den Eintrag *Safari*.

Deaktivieren Sie im Abschnitt *Suchen* die verschiedenen Vorschlagsoptionen sowie die Option *Toptreffer vorab laden* – auch bei diesen Optionen werden jeweils Daten an Apple gesandt.

Im Abschnitt *Datenschutz & Sicherheit* sollten die Optionen *Cross-Sitetracking verhindern*, *IP-Adresse verbergen*, *Betrugswarnung* sowie *Warnung vor unsicherer Verbindung* aktiviert sein.

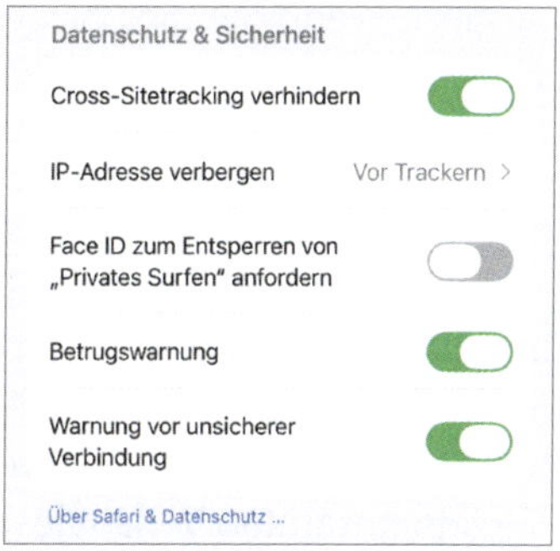

Beim Suchen und Surfen im Internet werden eine Menge Daten übers Internet geschickt – ein paar Einschränkungen können Sie aber festlegen.

Ob Sie die Option *Face ID zum Entsperren von „Privates Surfen" anfordern* benötigen, können Sie sich selbst überlegen. Mit dieser Funktion sollen geöffnete private Tabs vor dem Zugriff durch andere geschützt werden. So müssen Sie nicht die komplette Safari-App mit der Face ID schützen.

Damit niemand sieht, welche Webseiten Sie besucht haben

Auch die auf dem iPhone gespeicherten Websitedaten können heikel sein. Vielleicht haben Sie nach einem Geburtstagsgeschenk für Ihren Schatz gesucht – oder nach Scheidungsanwälten? Am besten verwenden Sie für solche Suchen den privaten Modus, damit von vornherein gar keine Websitedaten auf dem iPhone gespeichert werden.

Um den privaten Modus zu aktivieren, öffnen Sie in der Browser-App *Safari* die Ansicht *Alle Tabs*. Wählen Sie in dieser Ansicht den Modus *Privat*.

Durch Gedrückthalten des Symbols der App *Safari* auf dem Home-Bildschirm bzw. in der App-Mediathek lässt sich ein privater Tab auch per Kontextmenü aufrufen.

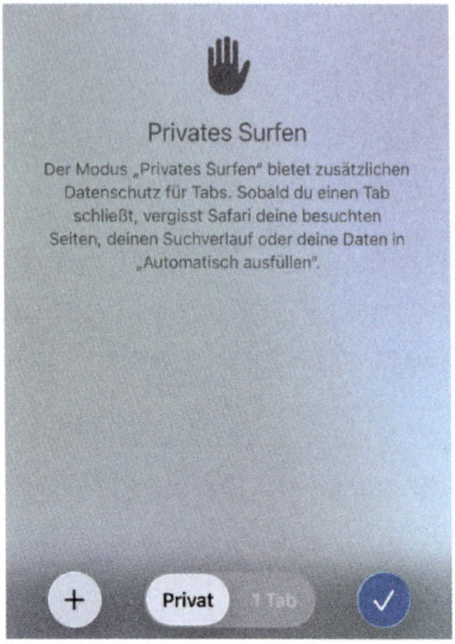

Beim privaten Surfen werden keine Daten der besuchten Webseiten auf dem iPhone gespeichert.

Wichtig zu wissen: Unabhängig davon, ob Sie privat surfen oder nicht, werden Ihnen die in *Safari* geöffneten Tabs standardmäßig beim nächsten App-Start erneut präsentiert. Wenn Sie dies nicht wünschen, schließen Sie die Tabs in der Ansicht *Alle Tabs* per Kreuzsymbol ✕.

Um bereits gespeicherte Websitedaten zu löschen, öffnen Sie die *Einstellungen* und wählen unter *Apps* den Eintrag *Safari*. Streichen Sie nach unten und tippen Sie auf *Verlauf und Websitedaten löschen*. Sie können nun auswählen, ob Sie den gesamten Verlauf löschen möchten oder nur einen Teil davon.

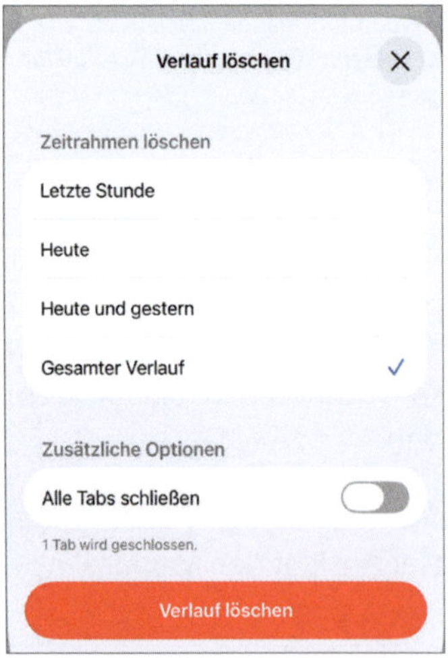

Sollen alle Websitedaten gelöscht werden oder z. B. nur die der letzten Stunde? Sie haben die Wahl.

7. Mit dem iPhone kommunizieren und im Internet surfen

Ihr iPhone ist ein leistungsstarker Mini-Computer, aber es ist letzten Endes auch ein Handy, mit dem Sie telefonieren können. Doch nicht nur das: Tauschen Sie damit – sogar handgeschriebene – Nachrichten sowie Mails aus, zeichnen Sie eine Videobotschaft auf, wenn Ihr FaceTime-Gesprächspartner nicht erreichbar ist, oder erstellen Sie mehrere Profile fürs Surfen im World Wide Web. In iOS 26 sind pfiffige Features wie Abstimmungen in Gruppen-Chats oder das Verwenden von Chat-Hintergründen hinzugekommen.

Auch im Ausland mobil surfen und telefonieren

Wenn Sie im Ausland telefonieren oder ins Internet gehen, werden unter Umständen Roaminggebühren fällig, die es – abhängig vom jeweiligen Land – in sich haben können. Innerhalb der Europäischen Union können Sie Ihren Handytarif EU-weit aber ohne zusätzliche Gebühren nutzen. Für die Internetnutzung im Nicht-EU-Ausland kommt eine Auslandsflatrate infrage, wie sie inzwischen von vielen Mobilfunkanbietern angeboten wird, etwa als Tages- oder Wochentarif. Eine weitere praktische Option: Kaufen Sie für Ihre spezielle Reise eine eSIM, also eine digitale SIM-Karte.

Die eSIM können Sie zusätzlich zu Ihrer bereits vorhandenen SIM-Karte verwenden. Das läuft in der Regel so, dass Sie die eSIM kaufen und dann über die Kamera-App einen QR-Code mit den erforderlichen Daten einscannen. Anschließend brauchen Sie nur noch festzulegen, welche SIM Sie für welchen Zweck verwenden möchten.

Auf Ihrem iPhone ist das Datenroaming standardmäßig deaktiviert. Um es zu aktivieren, entscheiden Sie sich in den *Einstellungen* für *Mobilfunk* und aktivieren unter *Datenoptionen* die Funktion *Datenroaming*. Alles Weitere wird durch Ihren Mobilfunkvertrag geregelt. Je nach Tarif kann es sich anbieten, zusätzlich den *Datensparmodus* zu aktivieren. Ach ja: Falls Sie in den *Einstellungen* unter *Mobilfunk* und dort unter *Netzauswahl* einen bestimmten Netzbetreiber festgelegt haben, müssen Sie diese Einstellung für die iPhone-Nutzung im Ausland anpassen.

Ihr iPhone als WLAN-Hotspot einsetzen

Das iPhone kann auch als WLAN-Hotspot dienen. So kommen Sie mit Ihrem Notebook unterwegs ins Internet, ohne auf weitere Anbieter angewiesen zu sein. Richten Sie den Hotspot in den *Einstellungen* unter *Persönlicher Hotspot* ein. Voraussetzung dafür ist, dass Sie die mobilen Daten eingeschaltet haben.

Vergessen Sie nicht, den persönlichen Hotspot nach Gebrauch wieder zu deaktivieren.

Für die Verbindung mit dem Firmennetzwerk

Mit Ihrem iPhone lässt sich auch eine Verbindung zu einem VPN – einem virtuellen privaten Netzwerk, etwa einem Firmennetzwerk – herstellen. Zu diesem Zweck wählen Sie in den *Einstellungen* den Eintrag *Allgemein* und tippen anschließend unten auf *VPN und Geräteverwaltung*. Entscheiden Sie sich für *VPN* und dann für *VPN-Konfiguration hinzufügen* und geben Sie die Zugangsdaten ein, die Sie vom Systemadministrator erhalten.

Die Telefonfunktionen Ihres iPhones ausschöpfen

Das Telefonieren mit dem iPhone ist eine einfache Sache: Sie öffnen die App *Telefon* und wählen eine Nummer bzw. suchen einen Kontakt aus, um jemanden anzurufen. Während eines Telefonats können Sie auch noch weitere Anrufer zu einer Telefonkonferenz hinzufügen.

Wenn jemand Sie anruft, wird Ihnen dies durch einen Klingelton sowie durch einen Hinweis auf dem Display angezeigt, und Sie können den Anruf entweder annehmen oder ablehnen. Während eines Videotelefonats mit FaceTime können Sie dank Bild-in-Bild-Funktion auf andere Apps zugreifen und Ihren Gesprächspartner dabei trotzdem sehen.

Im Hinweisfenster finden Sie Buttons zum Annehmen und Ablehnen des Anrufs. Zum Ablehnen eines Anrufs verwenden Sie den roten Button. Alternativ können Sie einen Anruf auch ablehnen, indem Sie zweimal die Seitentaste an Ihrem iPhone drücken. Wenn Sie die Seitentaste lediglich einmal betätigen, wird das iPhone nur lautlos gestellt.

Tippen Sie das Hinweisfenster an, werden Ihnen die weiteren Optionen *Nachricht* sowie *Voicemail* angezeigt:

- Tippen Sie auf die Option *Nachricht* und wählen Sie eine der vorgegebenen Nachrichten aus, die an den Anrufer gesendet werden soll. Wenn Sie auf *Eigene* tippen, können Sie auch eine individuelle Nachricht verfassen. Falls Sie die vorgegebenen Nachrichten ändern möchten, öffnen Sie die *Einstellungen*, entscheiden sich für *Apps* und wählen unter *Telefon* den Eintrag *Mit Nachricht antworten*. Geben Sie die gewünschten eigenen Nachrichten ein. Wenn Sie diese löschen, werden wieder die ursprünglichen Nachrichten verwendet.
- Tippen Sie auf *Voicemail*, um den Anrufer auf die Voicemail weiterzuleiten und dank Live-Voicemail-Funktion eine Transkription der Voicemail-Nachricht zu erhalten. Auf die Voicemail wird ebenfalls in der Telefon-App zugegriffen.

Die Warteschleifenassistenz verwenden

Tätigen Sie selbst einen Anruf, und die angerufene Person ist zurzeit nicht verfügbar, können Sie die in iOS 26 eingeführte Warteschleifenassistenz nutzen.

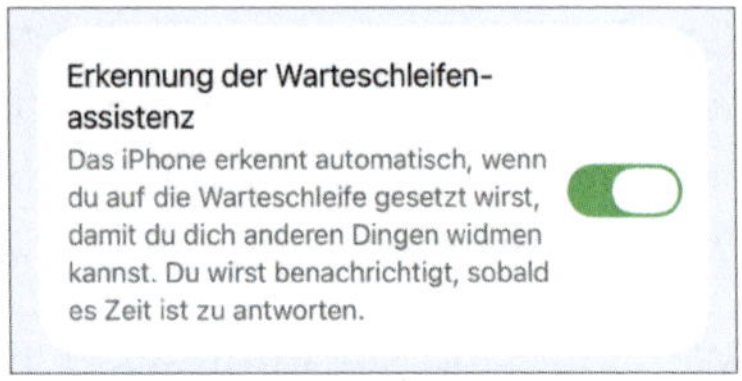

Nutzen Sie die Warteschleifenassistenz, damit Sie sich beim Warten nicht die ganze Zeit den Hörer ans Ohr halten müssen.

Das iPhone bietet Ihnen in diesem Fall an, den Anruf im Hintergrund zu behalten, und benachrichtigt Sie, sobald die angerufene Person wieder verfügbar ist. Achten Sie nur darauf, dass in den *Einstellungen* unter *Apps* und dort unter *Telefon* der Schalter *Erkennung der Warteschleifenassistenz* aktiviert ist.

Unbekannte Nummern überprüfen und herausfiltern

Leider haben Spam-Anrufe in letzter Zeit stark zugenommen. Immer mal wieder rufen Personen an, häufig aus dem Ausland, die Sie in irgendeiner Art und Weise übers Ohr hauen wollen.

In den *Einstellungen* unter *Apps* und dort unter *Telefon* finden Sie auf Ihrem iPhone mit iOS 26 eine Option zum Überprüfen sowie eine weitere Option zum Filtern solcher Anrufe.

So können Sie unbekannte Anrufe stummschalten und in eine gesonderte Anrufliste verschieben, damit Sie zukünftig nicht mehr belästigt werden.

Schalten Sie unbekannte Anrufe stumm, damit Sie nicht ständig belästigt werden.

Anrufe weiterleiten, Anrufer sperren und Co.

Einige Telefonfunktionen hängen vom Netzbetreiber bzw. von Ihrem Mobilfunkvertrag ab. Öffnen Sie die *Einstellungen* und wählen Sie unter *Apps* den Eintrag *Telefon*. Diese Funktionen lassen sich gegebenenfalls aktivieren bzw. deaktivieren:

- *WLAN-Anrufe:* Diese Funktion ermöglicht es, *WLAN-Anrufe* zu führen, also mit anderen im WLAN befindlichen Apple-Geräten, etwa einem iPad oder einem Mac, via iPhone zu telefonieren.
- *Auf anderen Geräten:* Auf dem iPhone eingehende Anrufe können auch auf anderen Apple-Geräten empfangen werden, sofern sich diese im selben WLAN befinden.
- *Rufweiterleitung:* Sollen eingehende Anrufe an eine andere Rufnummer weitergeleitet werden, tippen Sie in den *Einstellungen* unter *Telefon* auf *Rufweiterleitung*, aktivieren die gleichlautende Option und geben die gewünschte Rufnummer an. Klären Sie vorher mit Ihrem Mobilfunkanbieter die für die Rufweiterleitung anfallenden Kosten!
- *Anklopfen/Makeln:* Sofern Ihr Mobilfunkanbieter Anklopfen und Makeln unterstützt, aktivieren Sie diese Option unter *Anklopfen/Makeln*. Unter Anklopfen wird verstanden, dass sich ein Anrufer durch ein Signal bemerkbar machen kann, wenn Sie gerade mit einer anderen Person telefonieren. Beim Makeln lassen sich zwei Anrufe gleichzeitig annehmen, und Sie können zwischen den Anrufern hin- und herschalten.
- *Meine Anrufer-ID senden:* Normalerweise sieht die Person, mit der Sie telefonieren, Ihre Rufnummer auf dem Display. Falls Sie dies nicht wünschen, deaktivieren Sie unter *Meine Anrufer-ID senden* die Option *Anrufer-ID senden*.
- *SMS- und Anrufberichte:* Diese Option erlaubt es, unerwünschte Anrufe oder Nachrichten an Drittanbieter zu melden, sofern diese die Funktion bereithalten.

Unerwünschte Anrufer und Nachrichtenschreiber sperren

Sie werden von einer Person telefonisch belästigt oder mit SMS bombardiert? Solche Personen können Sie sperren.

In den *Einstellungen* unter *Apps/Telefon* und dort unter *Blockierte Kontakte* tippen Sie auf *Kontakt hinzufügen*, um den Kontakt auszuwählen – die Person kann Sie dann nicht mehr telefonisch (Mobilfunknetz, FaceTime) oder per Nachricht (SMS, iMessage) kontaktieren.

Sie finden die Option *Kontakt blockieren* auch in den Infos zu einem Anruf oder einer Nachricht.

Ihr iPhone soll in Grenznähe nicht den Netzbetreiber wechseln

Deutschland hat neun Nachbarländer, Österreich acht und die Schweiz fünf. Wenn Sie sich in Grenznähe aufhalten, kann es leicht passieren, dass Ihr iPhone automatisch zu einem ausländischen Netzbetreiber wechselt.

Um das zu verhindern, öffnen Sie die *Einstellungen* und wählen den Eintrag *Mobilfunk*. Deaktivieren Sie anschließend unter *Netzauswahl* die Option *Automatisch* und warten Sie einen Moment, bis die verfügbaren Netzbetreiber angezeigt werden. Tippen Sie Ihren Netzbetreiber an, um diesen auszuwählen.

Tastentöne und Sperrton abschalten

Im Meeting, im Konzert oder nachts im Bett nutzen Sie den Stummschalter, um das iPhone lautlos zu stellen – dies betrifft auch das *Tastaturfeedback* und den *Ton beim Sperren*. Wenn Sie diese Töne generell abschalten möchten, tun Sie dies unten in den *Einstellungen* unter *Töne & Haptik*.

Videobotschaften aufzeichnen

Der FaceTime-App wurde in iOS 26 eine neue Oberfläche verpasst. Weiterhin können FaceTime-Telefonate mit bis zu 32 FaceTime-Teilnehmern gleichzeitig geführt werden. FaceTime lässt sich dabei nicht nur zwischen Apple-Nutzern verwenden, sondern Sie können auch einen FaceTime-Link senden, der dann zum Beispiel auf einem Android-Smartphone geöffnet werden kann, um das FaceTime-Telefonat anzunehmen.

Und falls eine Person ein Gespräch einmal nicht annehmen sollte, lässt sich eine Videobotschaft aufzeichnen – also eine moderne Art, auf den »Anrufbeantworter« zu sprechen. Die Option wird Ihnen automatisch angeboten, wenn der Gesprächspartner nicht rangeht.

Nimmt eine Person den FaceTime-Anruf nach mehrfachem Klingeln nicht entgegen, können Sie ein Video aufnehmen.

Sprachmemos als Klingeltöne einsetzen

In iOS 26 ist das Erstellen eigener Klingeltöne einfacher als je zuvor. Die folgende Anleitung zeigt Ihnen, wie Sie eine mit der App *Sprachmemos* getätigte Aufnahme über den Umweg über die App *Dateien* als Klingelton einsetzen.

1 Tätigen Sie in der App *Sprachmemos* eine kurze Sprachaufzeichnung. Tippen Sie bei der Sprachaufzeichnung auf das Symbol mit den drei Punkten ● ● ● und wählen Sie *Teilen*.

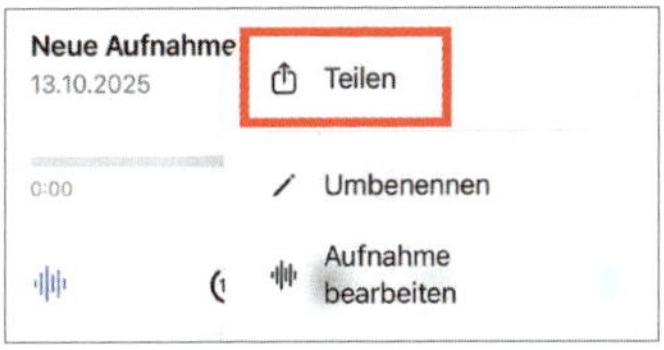

2 Entscheiden Sie sich für *In Dateien sichern*. Wählen Sie gegebenenfalls einen Ordner für die Datei aus und bestätigen Sie mit *Sichern*.

3 Rufen Sie die App *Dateien* auf, halten Sie die gespeicherte Audiodatei gedrückt (diese muss natürlich nicht unbedingt aus der App *Sprachmemos* stammen) und entscheiden Sie sich im Kontextmenü erneut für *Teilen*.

4 Tippen Sie schließlich auf *Als Klingelton verwenden*.

Das Verwalten Ihrer Klingeltöne erfolgt in den *Einstellungen* unter *Töne & Haptik*. Eigene Klingeltöne lassen sich wieder entfernen, indem Sie darauf mit dem Finger nach links streichen und *Löschen* wählen.

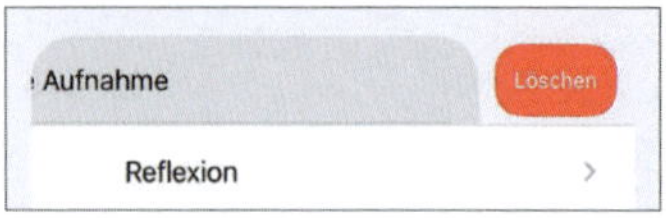

Eigene Klingeltöne lassen sich natürlich nicht nur hinzufügen, sondern auch wieder löschen.

Die besten Tipps zum Chatten mit iMessage

Versenden Sie mit dem iPhone gern Kurznachrichten, sprich: Chatten Sie gern? Mit iMessage macht das richtig Spaß. Wählen Sie einen Kontakt, der ebenfalls über iMessage verfügt, erkennt die App *Nachrichten* das automatisch, färbt den Empfänger blau und bietet die verschiedenen iMessage-Optionen an.

Nachricht später senden

Möchten Sie eine Nachricht sofort erstellen, aber erst später senden? Erstellen Sie ganz normal Ihre Nachricht und tippen Sie dann links neben dem Eingabefeld auf das Plussymbol. Entscheiden Sie sich im Menü für den Eintrag *Später senden*. Bestimmen Sie Datum und Uhrzeit und schicken Sie die Nachricht ab.

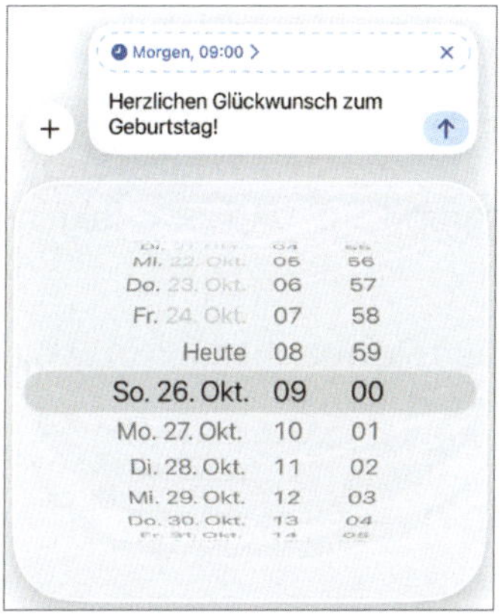

Bestimmen Sie einen Sendezeitpunkt für die Nachricht.

Die Nachricht wird erst zum gewählten Zeitpunkt versendet. Bis dahin wird sie im Chat mit einem gestrichelten Rahmen dargestellt und kann jederzeit noch bearbeitet werden. Auch das Sendedatum lässt sich selbstverständlich noch ändern.

Versendete Nachrichten zurückholen

Haben Sie eine Nachricht versehentlich an die falsche Person gerichtet? Sie haben die Möglichkeit, das Senden einer Nachricht innerhalb von zwei Minuten rückgängig zu machen. Tippen Sie dazu in der App *Nachrichten* auf die Sprechblase der betreffenden Nachricht und halten Sie diese gedrückt. Im so aufgerufenen Menü wählen Sie die Option *Senden widerrufen*.

Auch das nachträgliche Bearbeiten versendeter Nachrichten ist möglich, und zwar innerhalb von bis zu 15 Minuten nach dem Senden. Die Bearbeitungen können allerdings vom Empfänger eingeblendet werden. Zum Bearbeiten halten Sie die Sprechblase der betreffenden Nachricht gedrückt und entscheiden sich im Menü für den Eintrag *Bearbeiten*. Nehmen Sie die gewünschten Änderungen vor und bestätigen Sie mit dem Häkchensymbol.

So ändern Sie den Chat-Hintergrund

Für eine pfiffigere Darstellung lassen sich in iOS 26 Ihre Konversationen in der App *Nachrichten* mit einem Hintergrund versehen. Wählen Sie für jede Konversation einen passenden Hintergrund aus, und zwar folgendermaßen:

1 Rufen Sie eine Konversation auf und tippen Sie oben auf den bzw. die Konversationspartner.

2 Entscheiden Sie sich nun für den Reiter *Hintergründe*.

3 Wählen Sie einen Hintergrund aus, der Ihnen zusagt.

4 Passen Sie den Hintergrund gegebenenfalls noch an und bestätigen Sie mit dem Häkchensymbol.

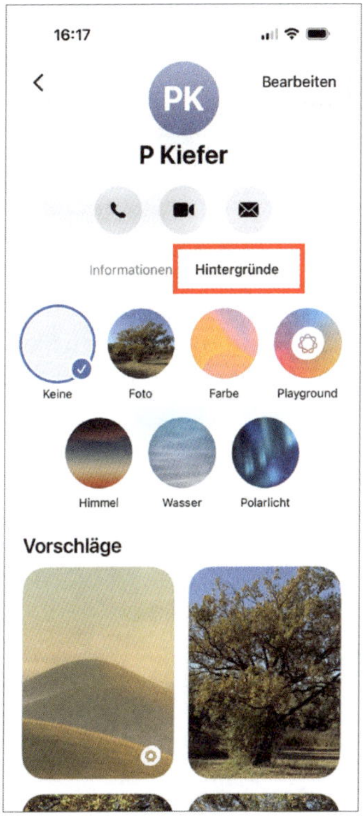

Wichtige Konversationen anpinnen

Besonders wichtige Konversationen lassen sich aber auch oben anpinnen, um sie sofort verfügbar zu haben. Hierzu halten Sie eine Konversation gedrückt und wählen im Kontextmenü den Eintrag *Anpinnen*.

Soll eine Konversation nicht mehr oben angepinnt werden? Dann tippen Sie sie an, halten sie gedrückt und wählen im Kontextmenü den Eintrag *Loslösen*.

Handschriftliche Nachrichten versenden

Sie können per iMessage nicht nur eingetippte Nachrichten versenden, sondern auch handschriftliche Nachrichten, die Sie aufs iPhone-Display schreiben.

Geben Sie dazu in der App *Nachrichten* zunächst den oder die iMessage-Empfänger an und tippen Sie dann ins Eingabefeld. Drehen Sie das iPhone anschließend ins Querformat und wählen Sie auf der Tastatur die Handschrifttaste rechts unten.

Schreiben Sie mit dem Finger Ihre Nachricht auf das Display oder übernehmen Sie eine der bereits verfügbaren Nachrichten. Bestätigen Sie zum Schluss mit *Fertig*, um die handschriftliche Nachricht versenden zu können.

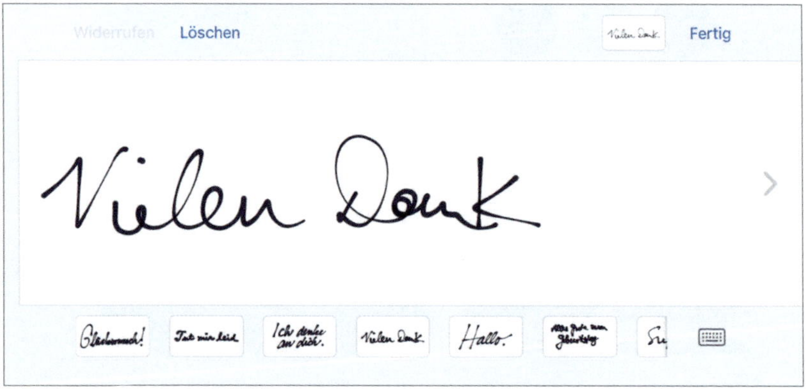

Verleihen Sie Ihren iMessages durch Ihre Handschrift eine persönlichere Note.

Beachten Sie: Bis zu 24 handschriftliche Nachrichten bleiben in einem Verlauf gespeichert. Um einen Eintrag aus dem Verlauf zu entfernen, halten Sie ihn in der Querformat-Ansicht gedrückt, bis die handschriftlichen Nachrichten zu wackeln beginnen. Nun können Sie einzelne handschriftliche Nachrichten aus dem Verlauf löschen.

Nachrichtentext einscannen

Möchten Sie einen Text mit der Kamera einscannen und direkt in einer Nachricht versenden?

Dazu tippen Sie in das leere Nachrichtenfeld, wählen *Automatisch ausfüllen* und danach *Text scannen*.

Weisen Sie anschließend mit der iPhone-Kamera auf den Text, den Sie in die Nachricht übernehmen möchten.

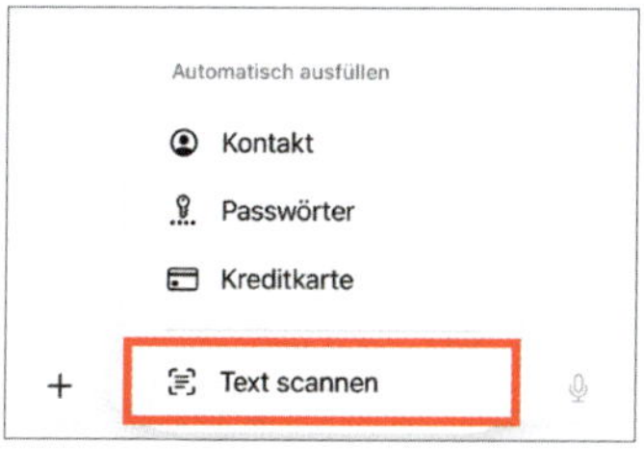

Scannen Sie den Nachrichtentext mit der iPhone-Kamera ein, etwa einen flotten Spruch auf einer Postkarte.

Nachrichten mit Texteffekt versenden

Die mit iMessage versendeten Texte lassen sich in iOS 26 auf einfache Weise animieren. Verfassen Sie ganz normal Ihre iMessage und tippen Sie dann unterhalb des Eingabefeldes auf das Effektsymbol. Der Nachrichtentext wird automatisch markiert, und Ihnen werden verschiedene Texteffekte zur Auswahl angeboten. Entscheiden Sie sich für einen Effekt, der Ihnen zusagt. Der Texteffekt wird jeweils beim Öffnen der Nachricht angezeigt. Statt das Effektsymbol zu wählen und damit den gesamten Text zu markieren, können Sie auch bestimmten Text markieren und dann im gewohnten Textmenü die Option *Texteffekte* auswählen.

Versehen Sie einen Nachrichtentext mit einer Animation.

Mit iMessage eine Audionachricht übermitteln

Oder möchten Sie eine Audionachricht übermitteln? Dazu tippen Sie links neben dem Eingabefeld für die iMessage auf das Plussymbol und entscheiden sich im Menü für den Eintrag *Audio*. Die Aufzeichnung beginnt daraufhin. Sprechen Sie Ihre Audionachricht ein und beenden Sie die Aufzeichnung. Anschließend erscheint der Button zum Senden an den iMessage-Empfänger.

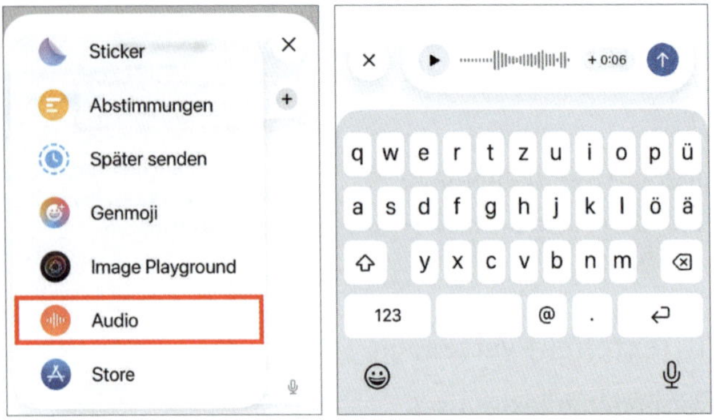

Sprechen Sie Ihre Audionachricht ein und senden Sie diese an den gewählten Empfänger.

Audionachrichten werden automatisch transkribiert, sodass diese vom Empfänger nicht unbedingt abgehört werden müssen, sondern auch gelesen werden können.

Beim Versand von teuren SMS: Lassen Sie sich die Zeichenanzahl anzeigen

Falls Sie Ihre Nachrichten nicht mit iMessage übers Internet versenden, sondern per SMS, sollten Sie sich – es sei denn, Sie verfügen über eine SMS-Flatrate – die Zeichenanzahl Ihrer SMS anzeigen lassen. SMS sind nämlich auf 160 Zeichen beschränkt.

Bei mehr Zeichen werden einfach mehrere SMS verschickt. Öffnen Sie die *Einstellungen* und wählen Sie unter *Apps* den Eintrag *Nachrichten*. Aktivieren Sie dort die Option *Zeichenanzahl*. Sie sehen nun beim Verfassen einer Nachricht ab der zweiten Zeile, wie viele Zeichen Sie bereits eingegeben haben.

Genmojis und Image Playground verwenden

Wenn Sie ein iPhone mit Apple Intelligence nutzen, können Sie mit KI-Unterstützung pfiffige Emojis (durch KI: Genmojis) sowie Animationen und weitere Bilder erzeugen. Hierfür steht auf der zweiten Seite des Home-Bildschirms die App *Image Playground* zur Verfügung. In der App *Nachrichten* lassen sich die Funktionen ebenfalls aufrufen, dort allerdings zweigeteilt in *Genmoji* und *Image Playground*. »Playground« ist das englische Wort für Spielplatz. Hier können Sie sich richtig austoben. Die folgende Anleitung zeigt nur ein Beispiel.

1 Tippen Sie in der App *Nachrichten* links neben dem Eingabefeld auf das Plussymbol und wählen Sie *Genmoji* oder *Image Playground* – hier entscheide ich mich für letzteren Eintrag.

2 Bestimmen Sie, welche Bilder zusammengemischt werden sollen. Unter dem Symbol lassen sich eigene Aufnahmen auswählen.

3 Sie können alternativ auch eine Textbeschreibung des zu erzeugenden Bildes eingeben.

4 Warten Sie einen Moment, bis die KI ein Bild erzeugt. Es werden einige Vorschläge angezeigt, die Sie durch horizontales Streichen auswählen.

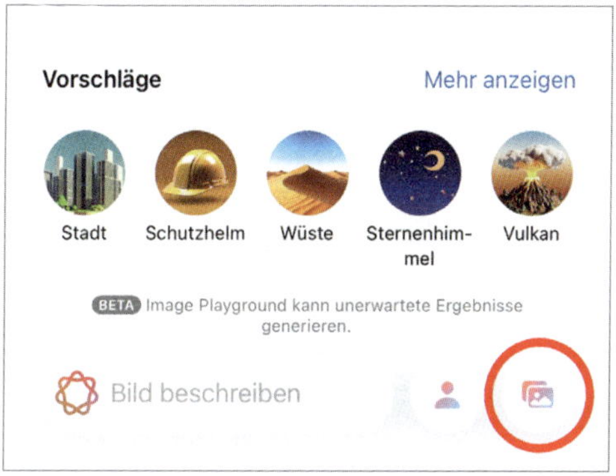

5 Sie können per Menü oberhalb des erzeugten Bildes noch den Bildtyp ändern, bevor Sie das Bild mit dem Häkchensymbol speichern.

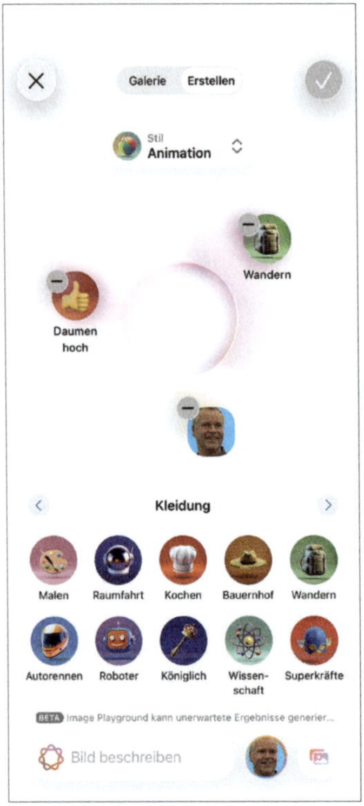

6 Nun können Sie das erzeugte Bild in einer Nachricht versenden.

Die von der KI generierten Bilder stehen in der App *Image Playground* in einer Galerie zur weiteren Verfügung. Halten Sie dort ein Bild gedrückt, um Optionen zum Teilen mit anderen Personen oder zum Sichern in der App *Fotos* zu erhalten.

Im Gruppen-Chat eine Abstimmung durchführen

An einer Konversation können nicht nur zwei Personen teilnehmen, sondern beliebig viele. Man spricht dann von einem Gruppen-Chat. In iOS 26 wurde eine Funktion eingeführt, um in einer Konversation auf einfache Weise eine Abstimmung durchzuführen. So können Sie z. B. herausfinden, welchen Tag die meisten Chat-Teilnehmer für ein Event bevorzugen würden.

Um eine Abstimmung zu erstellen, tippen Sie unter dem Plussymbol links neben dem Eingabefeld in der App *Nachrichten* auf den Eintrag *Abstimmungen*. Geben Sie die einzelnen Optionen ein und ergänzen Sie einen Text dazu. Wenn Sie die Nachricht senden, können alle Personen eine oder mehrere der Optionen wählen.

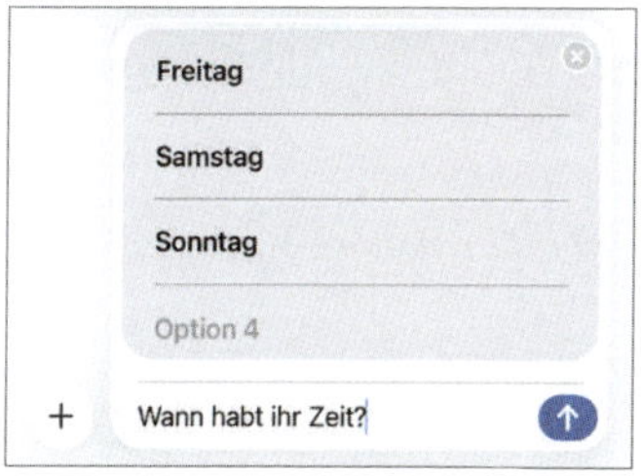

So wird eine Abstimmung in eine Nachricht eingefügt.

Halten Sie eine Abstimmung gedrückt und wählen Sie im Kontextmenü *Abstimmungsdetails*, wird Ihnen detailliert angezeigt, wie in der Gruppe abgestimmt wurde.

Nützliche Tipps für Ihre E-Mails

Die App *Mail* dient auf Ihrem iPhone dem Senden und Empfangen von E-Mails. Auf einem iPhone mit Apple Intelligence finden Sie beim Aufrufen einer E-Mail die Option *Zusammenfassen*, um sich auf die Schnelle über deren Inhalt zu informieren.

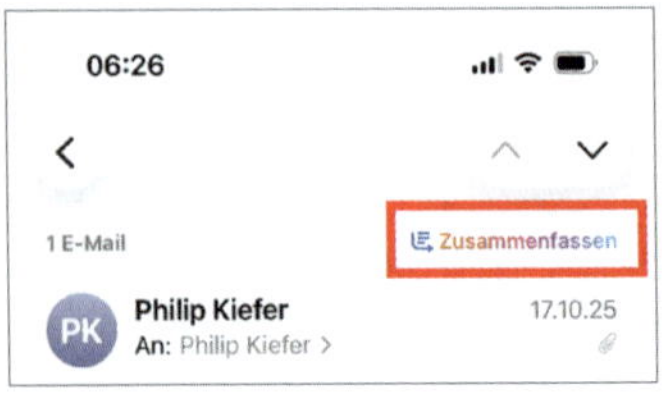

Der Inhalt einer E-Mail lässt sich per Fingertipp in Kurzform zusammenfassen.

E-Mails später senden

Ähnlich wie für Nachrichten können Sie auch für E-Mails den Sendezeitpunkt festlegen. Dazu verfassen Sie die E-Mail wie gewohnt.

Halten Sie anschließend das Senden-Symbol gedrückt und wählen Sie im Kontextmenü einen Sendezeitpunkt aus oder wählen Sie die Option *Später senden*.

Nun können Sie Datum und Uhrzeit festlegen, zu der die E-Mail versandt werden soll.

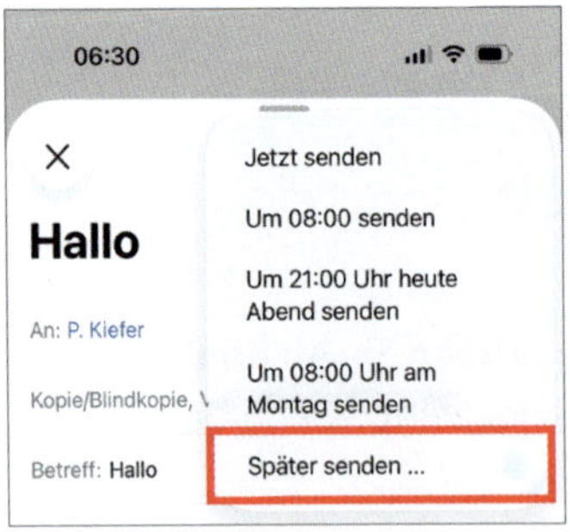

Legen Sie fest, wann die verfasste E-Mail verschickt werden soll.

E-Mail-Versand widerrufen

Ebenfalls möglich: das Widerrufen des E-Mail-Versands. Dazu müssen Sie allerdings schnell sein. Standardmäßig haben Sie dafür nur 10 Sekunden Zeit. Sie können aber auch einen Zeitraum von bis zu 30 Sekunden dafür konfigurieren.

Ob und wie lange sich das Versenden einer E-Mail widerrufen lässt, richten Sie selbst ein.

Um einen E-Mail-Versand zu widerrufen, tippen Sie nach dem Versenden auf die entsprechende Option in der App *Mail*. Die E-Mail wird dadurch in den Ordner *Entwürfe* verschoben und kann dort bearbeitet und neu verschickt werden.

Aber eventuell bevorzugen Sie einen E-Mail-Versand ohne Verzögerung? Dann entscheiden Sie sich in den *Einstellungen* unter *Apps/Mail* und dort unter *Sendeverzögerung* für die Option *Aus*.

Die Sendeverzögerung für den E-Mail-Widerruf lässt sich auch ausschalten.

Standardsignatur ändern

Die Standardsignatur *Von meinem iPhone gesendet* ist nicht in Stein gemeißelt. Diese wird normalerweise automatisch an Ihre E-Mails gehängt. In den *Einstellungen* unter *Apps/Mail* und dort unter *Signatur* können Sie die Signatur entweder komplett löschen oder eine neue Signatur eingeben.

Link-Vorschau statt Text-Link einfügen

Ein kleiner, aber feiner Trick, falls Sie in einer E-Mail einen Link senden möchten: Statt den Link-Text zu versenden, können Sie auch eine Link-Vorschau einfügen, die deutlich mehr hermacht.

1 Tippen Sie zunächst den Link-Text ein, zum Beispiel www.mut.de.

2 Anschließend tippen Sie den Link an und wählen den eingeblendeten Menüpfeil.

3 Entscheiden Sie sich im Menü für den Eintrag *Link-Vorschau anzeigen.* Die Link-Vorschau wird daraufhin eingebaut und kann in dieser Form verschickt werden.

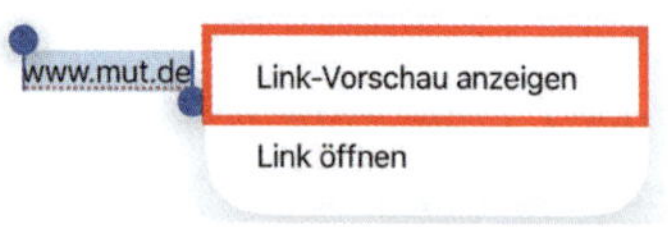

Die besten Funktionen fürs Surfen im Internet

Für das Surfen im Internet steht Ihnen auf dem iPhone die Browser-App *Safari* zur Verfügung. Diese App hat sich in den letzten Jahren immer mehr gemausert und wartet mit einer Menge nützlicher Funktionen auf.

Die gewohnte Tab-Ansicht zurückholen

Mit iOS 26 wurde eine kompakte Ansicht eingeführt, die der aufgerufenen Webseite mehr Anzeigefläche bietet, die aber auch bewirkt, dass einige Funktionen umständlicher erreichbar sind. Ein Beispiel ist die Ansicht

Alle Tabs. Statt eines Fingertipps sind in der kompakten Ansicht zwei Fingertipps erforderlich, um diese zu erreichen.

Ja, auch daran können Sie sich gewöhnen. Wenn Sie jedoch die alte Ansicht zurückhaben möchten, ist auch das möglich. Gehen Sie dazu in die *Einstellungen* und wählen Sie *Apps/Safari*. Entscheiden Sie sich im Abschnitt *Tabs* für die gewünschte Ansicht.

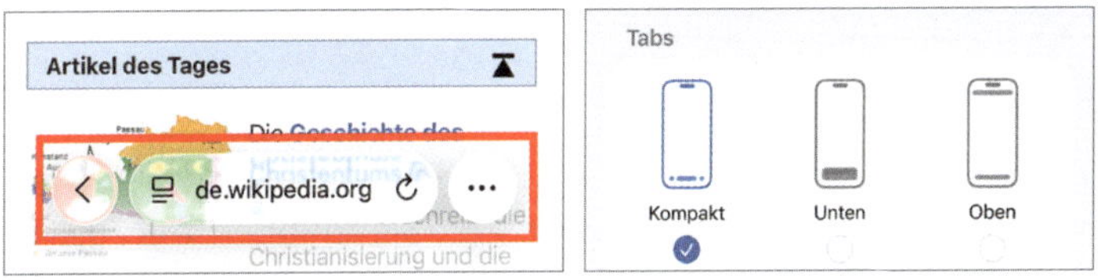

Die kompakte Ansicht ist buchstäblich gewöhnungsbedürftig, Sie können aber auch eine andere Ansicht wählen.

Webseiten per Apple Intelligence zusammenfassen

Oft wollen Sie sich nicht durch einen kompletten Webseitentext wälzen. Auf einem iPhone mit Apple Intelligence können Sie auch hier die künstliche Intelligenz walten lassen. So lässt sich eine geöffnete Webseite zusammenfassen:

1 Rufen Sie die Webseite in Safari auf und entscheiden Sie sich links im Adressfeld für das Symbol .

2 Wählen Sie die Option *Reader einblenden.*

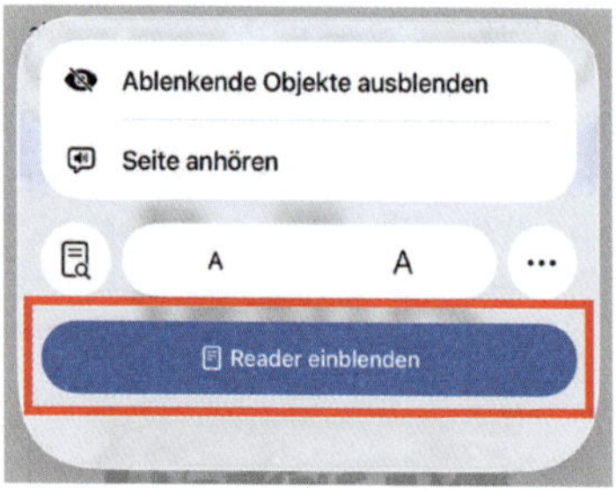

3 Die Webseite wird nun ohne störende Elemente dargestellt. Oben finden Sie die Schaltfläche *Zusammenfassen*, die Sie antippen. Die Zusammenfassung erscheint kurz darauf.

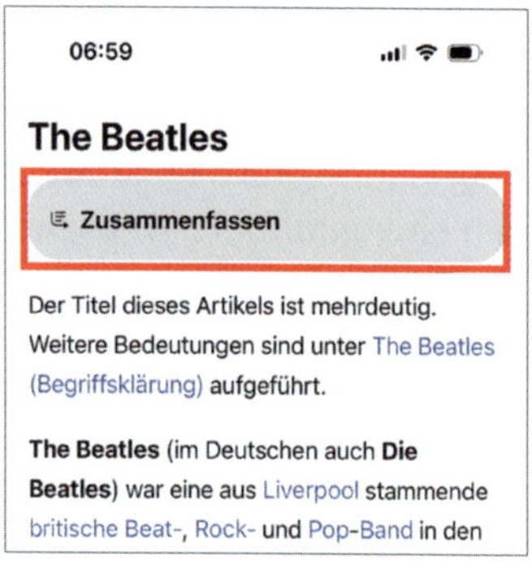

Mit Profilen private und berufliche Surfaktivitäten trennen

Vielleicht nutzen Sie Ihr iPhone sowohl für private als auch für berufliche oder andere nicht private Zwecke? Profile erlauben es Ihnen, zwischen unterschiedlichen Aktivitäten im World Wide Web zu trennen. So könnten Sie zum Beispiel ein privates und ein berufliches Profil erstellen, ein Profil fürs Studium, für den Verein etc. Die jeweiligen Websitedaten werden dann nur im entsprechenden Profil gespeichert. Die folgende Anleitung veranschaulicht, wie Sie ein Profil anlegen und in Safari zwischen Ihren Profilen wechseln:

1 Entscheiden Sie sich in den iPhone-Einstellungen unter *Apps* für den Eintrag *Safari*.

2 Nun tippen Sie im Abschnitt *Profile* auf die Option *Neues Profil*.

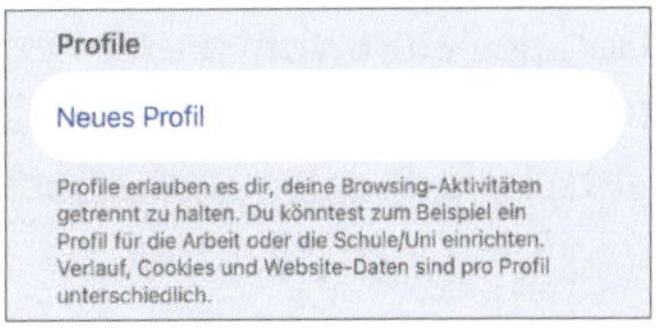

3 Geben Sie dem neuen Profil eine sinnvolle Bezeichnung. Wählen Sie außerdem ein passendes Symbol und eine passende Farbe für das Profil aus.

4 Um ein Profil auszuwählen, öffnen Sie in der Browser-App *Safari* die Ansicht *Alle Tabs*.

5 Der Wechsel zwischen Ihren Profilen erfolgt nun oben per Menüauswahl.

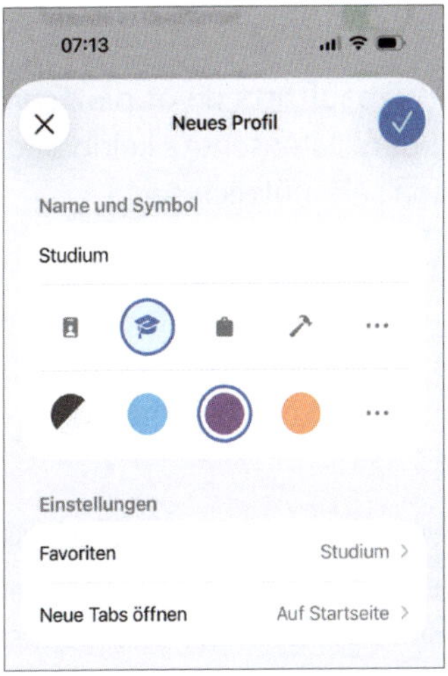

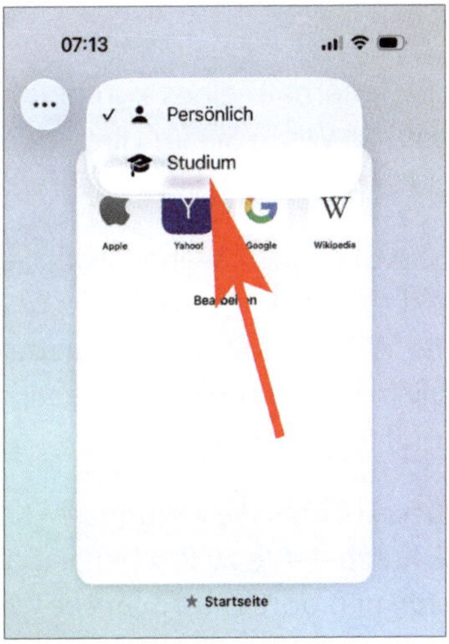

Das Profil *Persönlich* besteht bereits ohne weiteres Zutun. Es wird automatisch mit aufgeführt, wenn Sie ein beliebiges neues Profil erstellen.

Clevere Websuche

Das Suchfeld in Safari hat es buchstäblich in sich. Sie öffnen damit nicht nur Webadressen oder suchen mit der Suchmaschine, die Sie in den *Einstellungen* unter *Apps* und dort unter *Safari* festlegen, nach Webseiten zu bestimmten Themen.

Google liefert wohl die besten Suchergebnisse. Sie können sich aber auch für die Suchmaschine DuckDuckGo zugunsten von mehr Datenschutz entscheiden oder für die Suchmaschine Ecosia, um mit Ihren Suchanfragen Bäume zu pflanzen.

Oder möchten Sie eine Suche lediglich auf der gerade geöffneten Webseite starten? Dazu tippen Sie ganz normal Ihren Suchbegriff in das Suchfeld ein. Ihnen wird daraufhin die Websuche nach diesem Begriff angeboten, außerdem werden gegebenenfalls Lesezeichen und Verlaufseinträge angezeigt, die den Begriff enthalten. Unterhalb dieser Liste finden Sie den Abschnitt *Auf dieser Seite*. Tippen Sie den Eintrag an, um auf der Webseite zu suchen.

Der Suche innerhalb eines kompletten Webauftritts dient die *Schnelle Website-Suche*. Wenn Sie im Hinblick auf den Datenschutz keine Bedenken haben, kann Ihnen diese Suchfunktion sehr nützlich sein.

Das Prinzip ist einfach: Wenn Sie die Suchfunktion auf einer Website nutzen, merkt sich Safari den Anbieter und gestattet es zukünftig, die Suche auf dieser Website mit einem Kurzbefehl durchzuführen. Dazu müssen Sie lediglich den Kurzbefehl eingeben (= Domain des Anbieters) und den Suchbegriff folgen lassen.

Einen Überblick über die verfügbaren Kurzbefehle mitsamt der Möglichkeit, einzelne Kurzbefehle zu löschen, erhalten Sie in den *Einstellungen* unter *Apps/Safari* und dort unter *Schnelle Website-Suche*. Für die Suche müssen Sie den Text nicht unbedingt eintippen, Sie können auch per Spracheingabe suchen, indem Sie auf das Mikrofonsymbol im Adressfeld tippen.

Wenn Sie zweimal in das leere Adressfeld tippen, wird Ihnen außerdem unter *Automatisch ausfüllen* angeboten, Text mit der iPhone-Kamera einzuscannen und eine Websuche nach diesem Text zu starten.

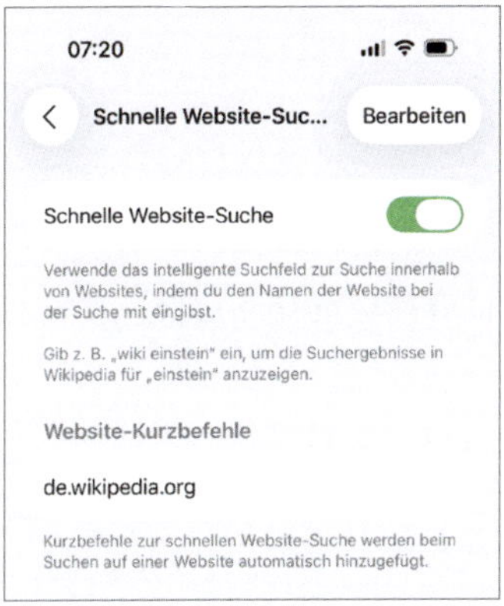

Mithilfe der schnellen Website-Suche lassen sich Suchfelder auf diversen Websites direkt im Safari-Suchfeld nutzen.

Download-Manager verwenden

Die Browser-App *Safari* verfügt über einen Download-Manager, d. h., Sie können nun ähnlich wie auf einem PC Dateien aus dem Internet herunterladen, indem Sie einen Download-Link antippen und *Laden* wählen.

Standardmäßig werden die heruntergeladenen Dateien im *iCloud Drive* gespeichert. Sie können jedoch auch einen anderen Download-Ordner wählen. Dazu tippen Sie in den *Einstellungen* unter *Apps/Safari* auf den Eintrag *Downloads*. Bestimmen Sie anschließend den Speicherort, etwa *Auf meinem iPhone*.

Ablenkende Objekte ausblenden

Auf so mancher Webseite werden Ihnen Werbung oder sonstige störende Inhalte angezeigt. Solche Inhalte können Sie mit wenigen Handgriffen ausblenden.

1 Rufen Sie die betreffende Webseite auf und tippen Sie links im Adressfeld auf das Symbol ⊟.

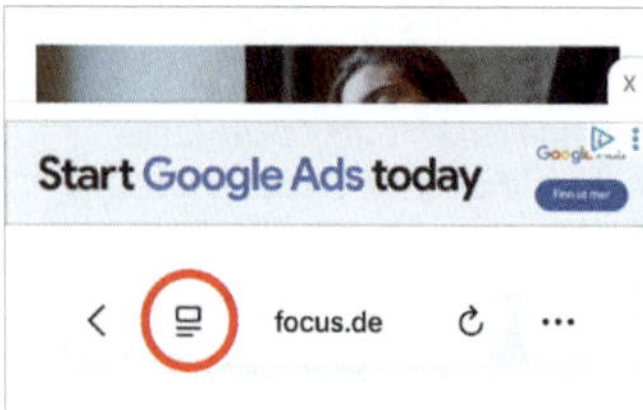

2 Entscheiden Sie sich nun für *Ablenkende Objekte ausblenden.*

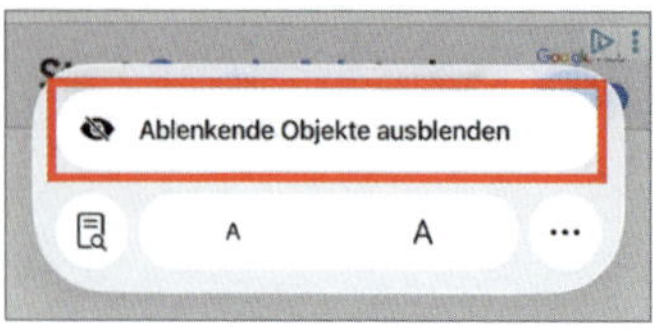

3 Tippen Sie ein störendes Element an und blenden Sie es mit der Schaltfläche *Ausblenden* aus.

Nach dem Ausblenden von Elementen finden Sie im Menü aus Schritt 2 einen Eintrag, um die ausgeblendeten Elemente wieder einzublenden.

Weitere Optionen für die aufgerufenen Webseiten

Wenn Sie eine Webseite in Safari aufrufen und dann im Adressfeld zunächst auf das Symbol ⊟ tippen, erhalten Sie – neben den bereits gezeigten Optionen –weitere nützliche Optionen für die aufgerufene Webseite:

- *Seite anhören:* Keine Lust zu lesen? Dann lassen Sie sich den Inhalt einer Webseite mit dieser Option vorlesen.
- *Übersetzen auf Deutsch:* Übersetzen Sie eine aufgerufene fremdsprachige Webseite mit dieser Funktion ins Deutsche. Diese Option wird nur dann angezeigt, wenn Sie eine fremdsprachige Webseite aufgerufen haben.
- *Suche:* Der Suchbutton dient der Suche auf der aktuell geöffneten Seite.
- *Zoom:* Mit dem großen *A* vergrößern Sie die Anzeige; mit dem kleinen *A* verkleinern Sie die Anzeige.

Wählen Sie unter dem Symbol das Symbol mit den drei Punkten • • •, werden Ihnen noch weitere Optionen angezeigt. Hier einige wichtige Punkte:

- *Datenschutzbericht:* Der Datenschutzbericht gibt Auskunft darüber, wie viele Tracker von Websites kontaktiert wurden – oder umgekehrt.
- *Symbolleiste ausblenden:* Blenden Sie per Fingertipp auf diese Option die Symbolleiste mit dem Adressfeld aus. Ein Fingertipp auf die Leiste oben blendet sie wieder ein.
- *Desktop-Website anfordern:* Sie möchten lieber die Desktop-Version einer gerade geöffneten mobilen Website betrachten? Dafür wählen Sie diese Option. Beachten Sie aber, dass das nicht bei jeder Website klappt! Das Gegenstück zu dieser Option lautet *Mobile Website anfordern.*
- *Website-Einstellungen:* In diesem Abschnitt können Sie verschiedene Einstellungen für einzelne Websites bestimmen. Legen Sie etwa fest, dass beim Öffnen der Website automatisch der Reader verwendet werden soll, und bestimmen Sie, welche Freigaben Sie für diese Website erlauben möchten.

  Die Einstellungen, die Sie hier vornehmen, lassen sich später auch in den *Einstellungen* unter *Apps/Safari* im Abschnitt *Einstellungen für Websites* verwalten.

Häufig genutzte Webseiten auf den Home-Bildschirm legen

Wenn Sie eine Webseite häufiger öffnen, können Sie das direkt vom Home-Bildschirm aus machen.

Die Webseite wird dann beim Antippen des Symbols auf dem Home-Bildschirm in einem neuen Tab geöffnet. Zum Hinzufügen eines Symbols öffnen Sie die Webseite in Safari, tippen in der kompakten Ansicht rechts neben dem Adressfeld auf das Symbol • • • und entscheiden sich für *Teilen*. Anschließend wählen Sie die Option *Zum Home-Bildschirm*.

Achten Sie anschließend auf eine kurze App-Bezeichnung, bevor Sie mit *Hinzufügen* bestätigen – zu lange Bezeichnungen werden automatisch gekürzt.

8. Das iPhone als hochwertige Digitalkamera einsetzen

Insbesondere die neueren iPhone-Modelle verfügen über eine exzellente Kamera, die auch von Foto-Profis verwendet wird. Dabei können Sie Fotos und Videos mit dem iPhone nicht nur aufnehmen – Sie können diese auch direkt auf dem Gerät bearbeiten sowie mit anderen Personen teilen. In iOS 26 wurden das Design und der Zugriff auf die Kameraoptionen verändert. Einige Tipps und Tricks zum Thema habe ich in diesem Kapitel für Sie zusammengestellt.

Aufnahme läuft

Verwenden Sie ein iPhone mit Kamerasteuerung, können Sie die Kamera mit einer auf der – bei Draufsicht – rechten Geräteseite befindlichen Zusatztaste steuern.

Ist die Kamera-App noch nicht geöffnet, rufen Sie diese durch einen kurzen Tastendruck auf, während ein langer Tastendruck das Verwenden der visuellen Intelligenz bewirkt.

Bei geöffneter Kamera-App startet das kurze Drücken der Taste eine Fotoaufnahme, längeres Drücken eine Videoaufnahme.

Nur leichtes Drücken der Kamerasteuerung kann einen Slider einblenden, um die aktuelle Kameraeinstellung durch Streichen auf der Kamerasteuerung festzulegen. Doppeltes leichtes Drücken der Kamerasteuerung erlaubt die Einstellungsauswahl. Das erfordert aber Übung. Möchten Sie diese Optionen nutzen, aktivieren Sie den Schalter *Anpassungen der Kamera* in den *Einstellungen* unter *Kamera* und dort unter *Kamerasteuerung*.

Sie können die iPhone-Kamera aber beispielsweise auch vom Sperrbildschirm aus starten. Dazu steht dort ein Symbol zur Verfügung. Sie können die Kamera auf dem Sperrbildschirm alternativ auch vom rechten Displayrand auf das iPhone-Display streichen. Auch die Aktionstaste bei den neueren iPhone-Modellen lässt sich mit der Kamerafunktion belegen.

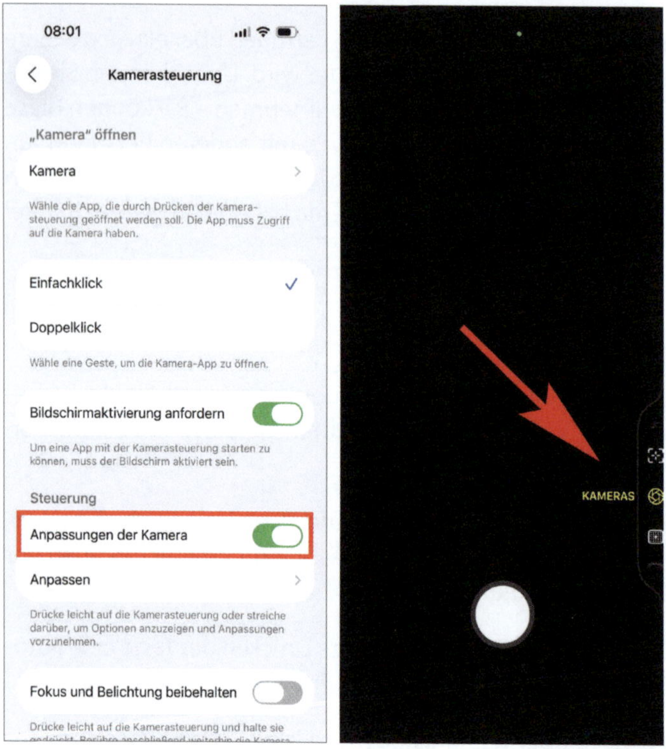

Die Kamerasteuerung erlaubt einen schnellen Zugriff auf die wichtigsten Kamerafunktionen.

Normalerweise wählen Sie zum Aufnehmen von Fotos oder Videos zunächst eine der angebotenen Optionen aus. In iOS 26 werden zunächst nur die Optionen *Foto* und *Video* eingeblendet. Streichen Sie horizontal auf diesen Optionen, werden (auf den neueren iPhones) die weiteren Foto-Optionen *Porträt*, *Räumlich* (räumliche Aufnahmen) sowie *Pano* (Panoramafoto) eingeblendet, und in der anderen Richtung die weiteren Video-Optionen *Kino*, *Slo-Mo* (Zeitlupenvideo) und *Zeitraffer* (Zeitraffervideo).

Wenn Sie die Option *Foto* gewählt haben, aber nun doch ein Video aufnehmen wollen, halten Sie den Foto-Aufnahme-Button einfach gedrückt. Damit der Videodreh auch ohne Drücken des Buttons weiterläuft, ziehen Sie den Button nach rechts auf das Vorhängeschloss.

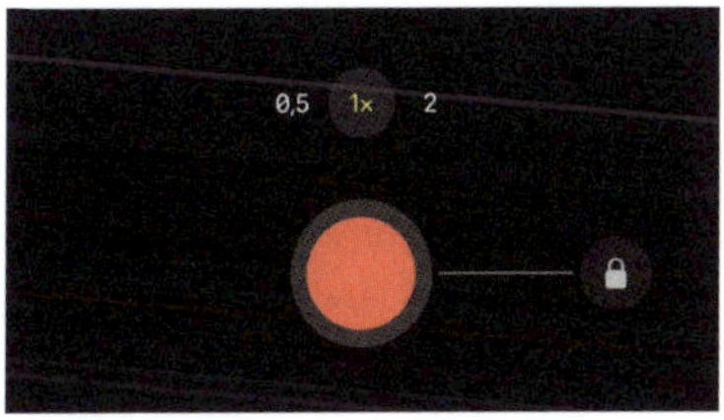

Halten Sie den Foto-Aufnahme-Button gedrückt, wird ein Videodreh gestartet.

Vermissen Sie Optionen wie das Auswählen eines Bildformats oder des Timers? Tippen Sie auf das Symbol ▦, um diese einzublenden.

Welche Optionen eingeblendet werden, richtet sich nach dem ausgewählten Modus.

Aufnahme ohne Blick auf das Display starten

Damit Sie bei der Aufnahme das Motiv im Blick behalten können: Die Aufnahme sowohl von Fotos als auch von Videos kann nicht nur durch das Antippen des Aufnahme-Buttons erfolgen, sondern auch durch das Drücken einer der beiden Lautstärketasten.

Gelungene Selfies mit automatischer Ausrichtung

Nur die iPhone-17-Modelle bringen eine »Center-Stage-Frontkamera« mit, die eine automatische Ausrichtung bei Selfies erlaubt. So lassen sich komfortabel auch ansprechende Gruppen-Selfies aufnehmen.

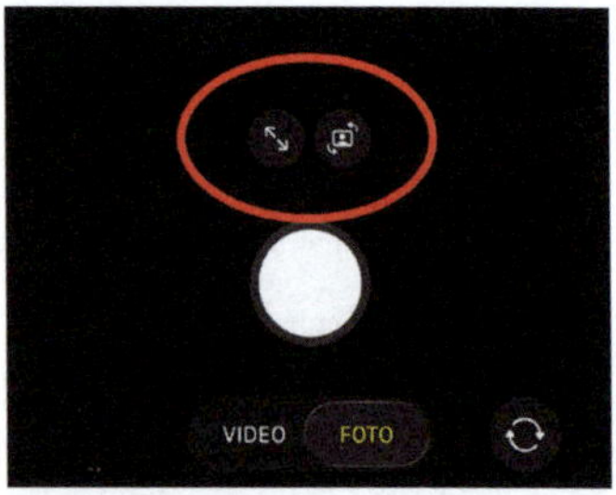

Die automatische Ausrichtung kann das Aufnehmen von Gruppen-Selfies ungemein erleichtern.

Schalten Sie dazu in der Kamera-App mit dem Symbol auf die Frontkamera um. Mit dem Symbol nehmen Sie einen Zoom vor (dies nicht nur auf den iPhone-17-Modellen), das Symbol dient dem Aktivieren bzw. Deaktivieren der automatischen Ausrichtung. Um Einstellungen zur automatischen Ausrichtung zu tätigen, finden Sie nach dem Aktivieren der Frontkamera das Symbol . Sie können festlegen, ob automatisch gezoomt oder gedreht werden soll oder nicht. Ebenfalls eine nützliche Funktion: Mit dem Symbol lässt sich bei einer Selfie-Aufnahme der Hintergrund mit Unschärfe versehen.

Passen Sie die automatische Ausrichtung Ihren Bedürfnissen an.

Digitalen Zoom verwenden

In der Kamera-App werden die optischen Zoomstufen als Buttons angezeigt. Sie können aber auch einen darüber hinausgehenden digitalen Zoom einsetzen. Zum Erhöhen der Zoomstufe bewegen Sie auf dem iPhone-Display Daumen und Zeigefinger auseinander.

Passen Sie die Zoomstufe direkt auf dem iPhone-Display an.

Um die Zoomstufe zu verringern, bewegen Sie Daumen und Zeigefinger zueinander. Oder Sie tippen einen optischen Zoom an und ziehen mit dem Finger nach links oder rechts.

Live Photos oder räumlichen Effekt verwenden

Eine spezielle Form von Aufnahmen, die Sie mit Ihrem iPhone machen können, sind die Live Photos – dabei handelt es sich eigentlich um kurze Videosequenzen inklusive Ton.

Verwandeln Sie ein Bild nachträglich in eine räumliche Szene.

Zum Aktivieren bzw. Deaktivieren wählen Sie unter dem Symbol ▦ die Kameraoption *Live*. Die Wiedergabe eines Live Photos erfolgt in der App *Fotos* durch Antippen und Gedrückthalten. Bevor Sie ein Live Photo versenden, sollten Sie sich dieses stets komplett ansehen.

Pfiffig ist außerdem die Möglichkeit, ein aufgenommenes Bild in eine räumliche Szene zu verwandeln. Bewegen Sie das iPhone, wirkt es, als ob sich auch das Bild bewegt. Dadurch entsteht ein gewisser räumlicher Effekt.

Wählen Sie dazu eine Aufnahme in der App *Fotos* aus und tippen Sie rechts oberhalb des Bildes auf das Symbol . Die Umwandlung dauert nur einen kurzen Moment.

Bildschirmaufnahmen tätigen

Statt ein Bildschirmfoto aufzunehmen, indem Sie auf Ihrem iPhone gleichzeitig die Seitentaste und die obere Lautstärketaste drücken, können Sie Bildschirminhalte auch als Video mitschneiden. Und das geht folgendermaßen:

1 Fügen Sie im ersten Schritt dem Kontrollzentrum das Steuerelement *Bildschirmaufnahme* hinzu.

2 Um nun eine Bildschirmaufnahme zu machen, streichen Sie das Kontrollzentrum von der rechten oberen Ecke auf das iPhone-Display.

3 Starten Sie die Bildschirmaufnahme. Dass die Aufnahme läuft, wird durch eine rote Anzeige im Dynamic Island bzw. bei älteren iPhones links oben auf dem Bildschirm dargestellt.

4 Nach dem Beenden der Bildschirmaufnahme wird diese in der App *Fotos* gespeichert.

Die auf diese Weise getätigte Bildschirmaufnahme ist standardmäßig ohne Ton. Möchten Sie das Mikrofon zuschalten? Dazu halten Sie das Steuerelement *Bildschirmaufnahme* im Kontrollzentrum gedrückt. Tippen Sie dann auf das Mikrofonsymbol, um das Mikrofon einzuschalten.

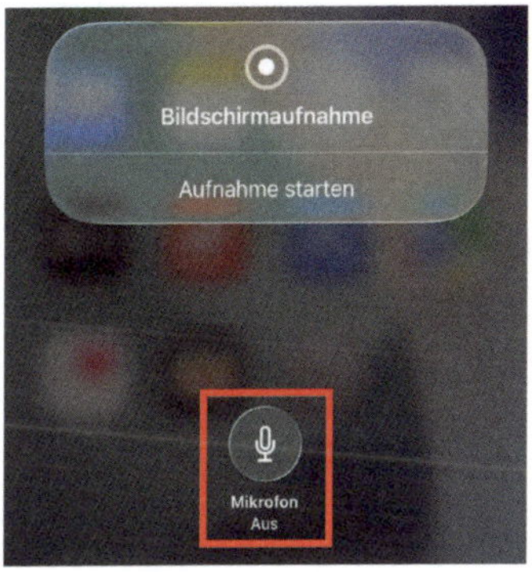

Für eine Bildschirmaufnahme mit Ton schalten Sie das Mikrofon ein.

Die Fotomediathek einrichten

In iOS 26 wurde erneut die Darstellung in der App *Fotos* verändert. Für die Sammlungen (Alben, Rückblicke, gelöschte Aufnahmen usw.) wurde wieder eine eigene Rubrik eingeführt. Zusätzlich wurde die Suchfunktion noch weiter verbessert, um mithilfe visueller Intelligenz nach Motiven in Ihren Aufnahmen zu suchen. Die folgende Anleitung zeigt Ihnen, wie Sie die Reihenfolge Ihrer Sammlungen anpassen und für Sie wichtige Sammlungen anpinnen können.

1 Wählen Sie in der App *Fotos* die Rubrik *Sammlungen*.

2 Scrollen Sie ganz nach unten und tippen Sie auf *Neu anordnen*.

3 Ziehen Sie die wichtigsten Sammlungen mit dem Finger nach oben, dass Sie sofort nach dem Aufrufen der Rubrik Zugriff darauf haben.

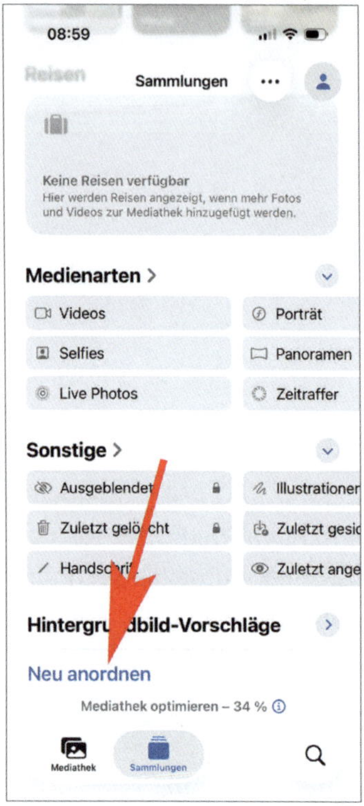

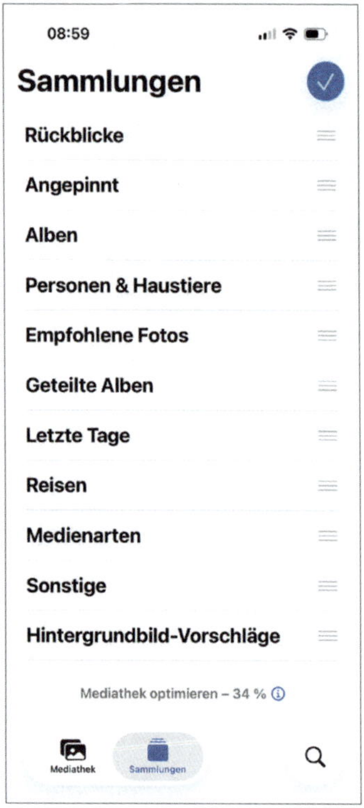

4 Um Ihre angepinnten Sammlungen zu verwalten, tippen Sie bei *Angepinnt* auf *Bearbeiten*.

5 Entscheiden Sie anschließend, welche Sammlungen Sie anpinnen bzw. loslösen möchten.

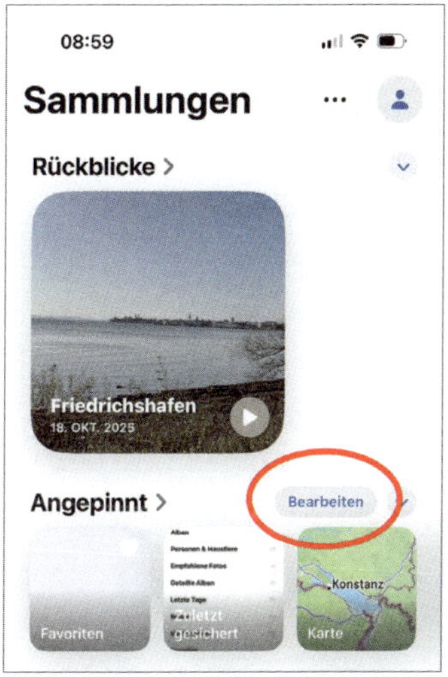

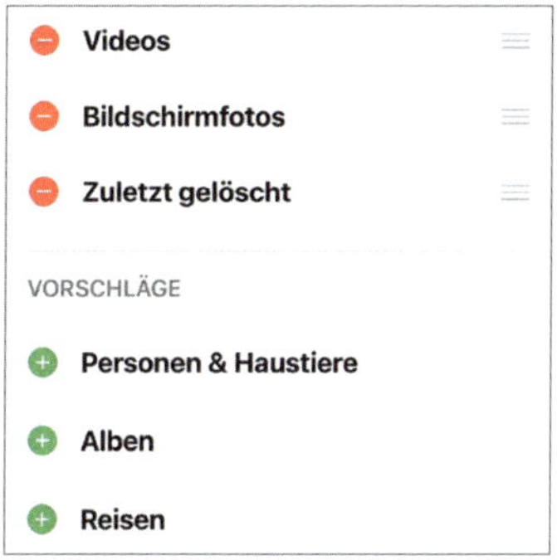

Aufnahmen direkt auf dem iPhone bearbeiten

Fotos und Videos, die Sie mit dem iPhone aufgenommen haben, lassen sich dort auch direkt bearbeiten. Um ein Foto zu bearbeiten, tippen Sie dieses in der App *Fotos* an und wählen anschließend unten in der Mediathek das Symbol mit den drei Schiebereglern ☰.

Ihnen werden daraufhin verschiedene Funktionen für die Bildbearbeitung angeboten:

- *Stile:* Ein fotografischer Stil lässt sich nicht nur beim Fotografieren einsetzen, sondern auch nachträglich auf ein Foto anwenden. Hierzu wählen Sie einfach einen der angebotenen Stile aus.
- *Anpassen:* Ist ein Foto zu dunkel geraten oder möchten Sie die Farben optimieren? Sie finden eine ganze Reihe von Anpassungsoptionen, zum Beispiel für Belichtung, Kontrast, Farbton usw. Die Anpassung erfolgt jeweils mithilfe eines Schiebereglers.

- *Zuschneiden:* Wenn Sie ein Foto zuschneiden möchten, wählen Sie diese Bearbeitungsoption und ziehen den Zuschnittrahmen mit dem Finger in die gewünschte Position und Größe. Alternativ können Sie mit dem Formatsymbol ein bestimmtes Bildformat festlegen. Eine Skala hilft Ihnen zudem beim optimalen Ausrichten des Bildes.

- *Drehen:* Ebenfalls im Zuschnittbereich finden Sie das Symbol . Tippen Sie es an, um das Foto um jeweils 90 Grad gegen den Uhrzeigersinn zu drehen.
- *Spiegeln:* Zum Spiegeln eines Fotos tippen Sie im Zuschnittbereich auf das Symbol .
- *Bereinigen:* Auf einem iPhone mit Apple Intelligence finden Sie diese zusätzliche Bearbeitungsoption, um aus einer Aufnahme von Ihnen markierte störende Elemente mithilfe künstlicher Intelligenz zu entfernen.

Möchten Sie eine bearbeitete Aufnahme später in den ursprünglichen Zustand zurückversetzen, wählen Sie bei der Aufnahme erneut *Bearbeiten*, tippen auf das Symbol und dann auf *Zurück zum Original*.

Bokeh-Effekt oder lieber doch nicht?

Bei bestimmten Fototypen erhalten Sie weitere Bearbeitungsoptionen, so bei Porträtfotos und bei Live Photos. Bei Porträtfotos können Sie nachträglich die Schärfentiefe anpassen. Der sogenannte Bokeh-Effekt sorgt nämlich dafür, dass das Porträtfoto selbst gestochen scharf dargestellt wird, der Hintergrund hingegen mit Unschärfe versehen wird.

Aber vielleicht wünschen Sie überhaupt keinen Bokeh-Effekt mehr? Mit wenigen Handgriffen lässt sich ein Porträtfoto wieder in ein normales Foto zurückverwandeln – aber auch ein normales Foto in ein Porträtfoto mit Schärfentiefe. Bei einem Porträtfoto finden Sie dazu in der App *Fotos* ein entsprechendes Menü, in dem Sie Ihre Auswahl treffen.

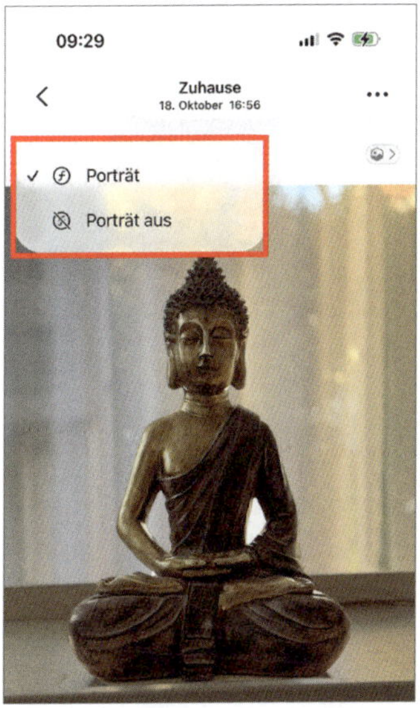

Sie können bei Porträtfotos auch nachträglich entscheiden, ob Sie den Bokeh-Effekt wünschen oder nicht.

Videobearbeitung auf dem iPhone

Die kennengelernten Bearbeitungsoptionen lassen sich nicht nur auf Fotos, sondern auch auf Videoaufnahmen anwenden. Bei Videos erhalten Sie – durch Antippen des Kamerasymbols – zusätzlich die Möglichkeit, diese zu kürzen, indem Sie einen Zuschnittrahmen einblenden.

Bei den neuen iPhones lassen sich zudem Audiomixe für die aufgenommenen Videos auswählen, um nachträglich die Audiospur zu optimieren. Beispielsweise kann durch die Auswahl *Im Bild* der Audiofokus auf die gerade im Video gezeigten Personen gerichtet werden.

Wählen Sie für Ihr aufgenommenes Video den passenden Audiomix.

Bearbeitungen auf weitere Aufnahmen übertragen

Die für eine Aufnahme gewählten Bearbeitungsoptionen können Sie auf weitere Aufnahmen anwenden. Wie Sie hierzu vorgehen, zeigt die folgende Anleitung:

1. Bearbeiten Sie in der App *Fotos* eine Aufnahme individuell und tippen Sie dann auf das Symbol mit den drei Punkten ···.
2. Entscheiden Sie sich im Menü für die Option *Änderungen kopieren*.
3. Nun rufen Sie in der App *Fotos* eine andere Aufnahme auf. Sie können auch mehrere Aufnahmen für die gleichzeitige Bearbeitung markieren. Dazu entscheiden Sie sich für eine Aufnahme. Alternativ tippen Sie auf *Auswählen*, um mehrere Aufnahmen gleichzeitig auswählen zu können.
4. Wählen Sie nun das Symbol mit den drei Punkten • • •.

5 Entscheiden Sie sich für den Eintrag *Änderungen einsetzen*, um die Bearbeitungen aus Schritt 1 anzuwenden.

Fotos mit Texten, Formen und weiteren Markierungen versehen

Sie können bei der Bearbeitung Ihrer Aufnahmen in der App *Fotos* auch eine Markierungsoption verwenden, die Sie unter dem Stiftsymbol Ⓐ aufrufen. Versehen Sie Ihre Aufnahmen auf einfache Weise mit Texten, Formen oder verschiedenen weiteren Markierungen.

Aufnahmen mit anderen Personen teilen

Haben Sie Ihre Aufnahmen fertig bearbeitet, übertragen Sie diese – wie bei einer herkömmlichen Digitalkamera – per USB-Kabel auf Ihren Desktop-PC oder Ihr Notebook. Alternativ nutzen Sie eine App wie *WiFi Photo Transfer*, um die Aufnahmen bequem per WLAN auf den PC zu kopieren. Sie können Ihre Bilder natürlich auch direkt auf dem iPhone anderen Personen präsentieren – oder diese für andere im Internet verfügbar machen.

Aufnahmen als PDF-Datei speichern

Das ist besonders praktisch, wenn Sie Dokumente abfotografiert haben und diese nun zu einem einzigen Dokument zusammenfügen möchten: Tippen Sie dann in der App *Fotos* auf *Auswählen* und entscheiden Sie sich für die gewünschten Aufnahmen. Tippen Sie anschließend auf das Symbol ⎙ und wählen Sie die Option *Bücher*. Danach steht eine PDF-Datei mit den Fotos in der App *Bücher* zum Betrachten, aber auch zum Versenden zur Verfügung.

Ein eigenes Foto als Display-Hintergrund festlegen

Möchten Sie ein selbst aufgenommenes Foto als Display-Hintergrund einsetzen? Kein Problem: Wählen Sie das Bild in der App *Fotos* aus, tippen Sie auf das Symbol ⎙ und wählen Sie die Option *Als Hintergrund*.

Geteilte iCloud-Fotomediathek erstellen

Mit geteilten Alben lassen sich Aufnahmen mit anderen Personen gemeinsam verwenden. Dazu muss die Option *Geteilte Alben* in den *iCloud-Einstellungen* aktiviert sein.

Neue geteilte Alben lassen sich direkt in der Fotos-App erstellen.

Das Erstellen neuer geteilter Alben erfolgt in der App *Fotos* in der Rubrik *Sammlungen* und dort wiederum im Abschnitt *Geteilte Alben*. Sie haben zudem die Möglichkeit, eine komplette iCloud-Fotomediathek zu teilen. Um eine neue geteilte iCloud-Fotomediathek zu erstellen, gehen Sie so vor:

1. Wählen Sie in den *Einstellungen* Ihres iPhones oben Ihren Benutzernamen aus.
2. Entscheiden Sie sich anschließend für den Eintrag *iCloud*.

3 Wählen Sie nun *Fotos*.

4 Aktivieren Sie, falls noch nicht geschehen, die Option *Dieses iPhone synchronisieren*. Das Synchronisieren kann eine Weile in Anspruch nehmen.

5 Entscheiden Sie sich für den nach der Synchronisierung eingeblendeten Eintrag *Geteilte Mediathek*.

6 Folgen Sie nun dem Assistenten durch den Einrichtungsprozess. Sie sind der Organisator der geteilten Mediathek und können bis zu fünf weitere Personen hinzufügen. Entscheiden Sie außerdem, ob Aufnahmen automatisch oder nur manuell in die geteilte Mediathek aufgenommen werden sollen.

7 Der Wechsel zwischen den Mediatheken erfolgt in der App *Fotos* unter dem Filter-Icon ☰.

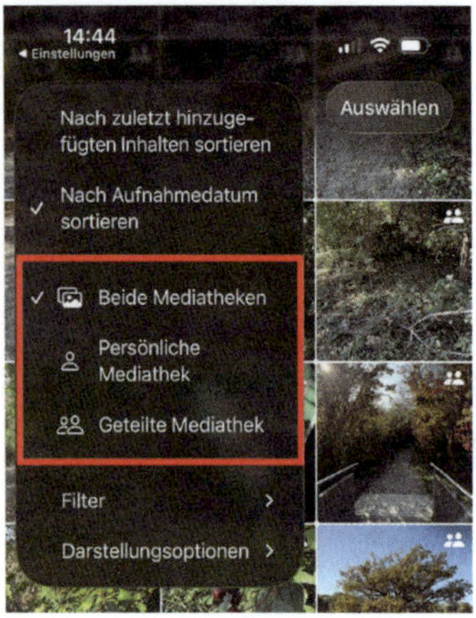

9. Prima Tipps für Musik, Streaming und Co.

Auch für die Wiedergabe von Medien ist Ihr iPhone perfekt geeignet. Das ist kein Wunder, denn es ist schließlich aus dem Mediaplayer iPod hervorgegangen. Egal, ob Musik, Hörbücher, Filme oder Podcasts – das iPhone gibt so gut wie alles wieder, sofern das Format stimmt. In diesem Kapitel habe ich einige nützliche Tipps und Tricks speziell zu diesem Thema für Sie aufgeschrieben.

Gekonnte Medienwiedergabe auf dem iPhone

Die Wiedergabe von Musik, Filmen und Co. erfolgt auf dem iPhone weitgehend intuitiv, aber es gibt doch einige pfiffige Tipps und Tricks, die Sie kennen sollten.

Musik-Streaming mit Apple Music

Mit dem Dienst *Apple Music* können Sie Millionen Musiktitel streamen, ohne diese zu kaufen. Das kostet bei Redaktionsschluss als Einzelperson 10,99 Euro pro Monat, für Studierende 5,99 Euro monatlich und für Familien per Familienfreigabe 16,99 Euro pro Monat. In der App *Musik* und dort auf der *Startseite* können Sie zunächst ein Probe-Abo abschließen, um den Dienst kostenlos zu testen.

Beachten Sie aber, dass die automatische Verlängerung für das Abo in Ihrem Account ausgeschaltet werden muss, sonst läuft es nach dem Probe-Abo kostenpflichtig weiter. Zum Deaktivieren der Verlängerung öffnen Sie die *Einstellungen*, wählen oben in den *Einstellungen* Ihren Benutzernamen und dann *Abonnements*.

Übrigens gibt es noch viele weitere Dienste für Musik und andere Medien – nicht nur von Apple –, die Sie kostenlos oder zumindest sehr günstig testen können: Deezer, BookBeat, Amazon Prime, Readly und viele weitere. Probieren Sie die einzelnen Anbieter ruhig erst mal durch, bevor Sie sich für einen entscheiden!

Klang optimieren mit dem Equalizer

Der Klang bei der Musikwiedergabe entspricht noch nicht so ganz Ihren Vorstellungen?

Abhilfe kann da der Equalizer schaffen, der Ihnen in den *Einstellungen* unter *Apps* und dort unter dem Eintrag *Musik* zur Verfügung steht. Passen Sie unter dem genannten Eintrag den *EQ* an. Beachten Sie aber, dass der Equalizer den Strombedarf Ihres iPhones leicht erhöht.

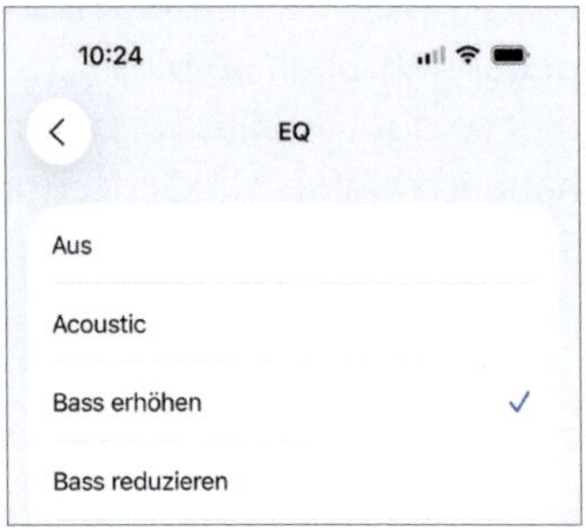

Im Equalizer stehen zahlreiche Klangvarianten zur Verfügung, die Sie zur Auswahl lediglich antippen müssen.

Lautstärke der Wiedergabe automatisch regeln

Besonders dann, wenn die Songs aus unterschiedlichen Quellen stammen, kann sich die Wiedergabelautstärke unterscheiden. Aktivieren Sie in den *Einstellungen* unter *Apps/Musik* die Option *Lautstärke anpassen*, um die Lautstärke der Songs anzugleichen.

Titel beim Wechsel überblenden

In iOS 26 können Sie Titel bei der Wiedergabe noch pfiffiger überblenden, um einen harmonischen Übergang zwischen den Songs zu schaffen. Wenn Sie Apple Music abonnieren, steht Ihnen hierfür die zusätzliche Option *AutoMix* zur Verfügung, bei der Übergänge nach DJ-Manier durchgeführt werden.

In den *Einstellungen* unter *Apps/Musik* und dort unter *Titelübergänge* legen Sie fest, wie zwischen den Titeln gewechselt werden soll. In der App

Musik stehen dafür beim Abspielen eines Albums oder einer Playlist die Symbole (*Überblenden*) bzw. (*AutoMix*) zur Verfügung.

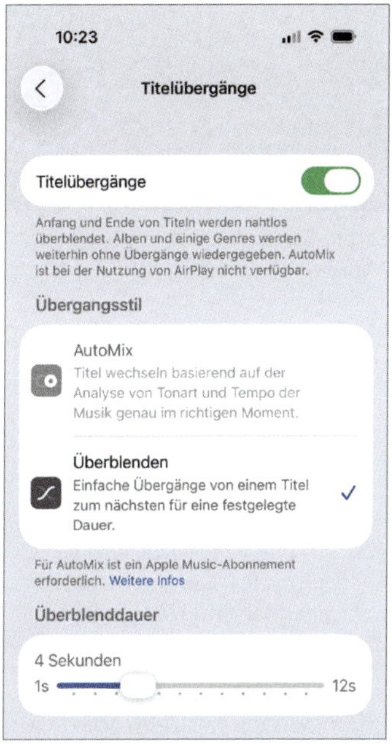

Ihr iPhone kann für harmonische Titelübergänge sorgen.

Playlist-Ordner erstellen

Haben Sie in der App *Musik* sehr viele Playlists (Wiedergabelisten) angelegt, kann es etwas unübersichtlich werden. In iOS 26 schafft die Möglichkeit Abhilfe, Playlist-Ordner anzulegen und die Playlists thematisch zu sortieren. Wählen Sie dazu in der Musik-Mediathek die Rubrik *Playlists*, entscheiden Sie sich anschließend für das Plussymbol + und dann im Menü für *Neuen Ordner erstellen*.

Sammeln sich sehr viele Playlists an, können Sie diese mithilfe von Ordnern sortieren.

Musikwiedergabe mit dem Timer automatisch stoppen

Praktisch zum Einschlafen: Beenden Sie die Musikwiedergabe mithilfe des Timers in der App *Uhr*. Tippen Sie dazu im Timer auf den Eintrag *Timer-Ende* und wählen Sie ganz unten die Option *Wiedergabe stoppen*. Das Stoppen der Wiedergabe funktioniert übrigens nicht nur bei der App *Musik*, sondern auch bei Spotify und Co.

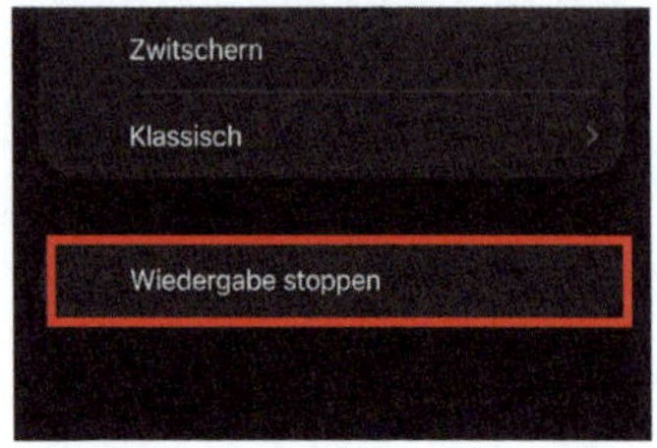

Setzen Sie den Timer zum Stoppen der Musikwiedergabe ein.

Automatische Podcast-Wiedergabe abschalten

Wenn Sie in der App *Podcasts* eine Folge anhören, wird nach dem Beenden der Folge standardmäßig die Wiedergabe automatisch mit der nächsten Folge fortgesetzt. Das ist in vielen Fällen nicht gewünscht. Um die automatische Fortsetzung zu unterbinden, öffnen Sie die *Einstellungen*, wählen unter *Apps* den Eintrag *Podcasts* und deaktivieren dann im Abschnitt *Podcast-Einstellungen* den Schalter *Kontinuierliche Wiedergabe*.

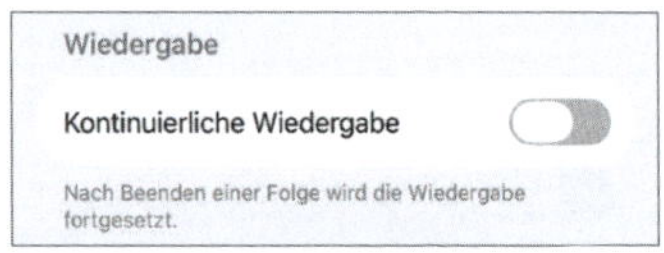

Podcasts sind sehr beliebt, aber die kontinuierliche Wiedergabe kann manchmal nerven – schalten Sie diese einfach ab!

Hilfe! Das iPhone spielt meine Filme nicht ab!

Während es bei der App *Musik* kaum Formatprobleme gibt, da die meisten Songs im MP3- oder AAC-Format vorliegen, sieht es bei der App *Videos* etwas anders aus. Von dieser werden nur wenige Formate erkannt. Sie können Ihre Filme nun mühselig konvertieren, etwa mit der kostenlosen Software *HandBrake*, die Sie unter der Webadresse https://handbrake.fr finden. Die einfachere Variante besteht allerdings darin, eine Zusatz-App zu installieren, die mehr Formate wiedergibt. Empfehlenswert ist beispielsweise die kostenlose App *VLC media player*.

Medienstreaming leicht gemacht

Manchmal werden Sie sich wünschen, Ihre Musik und Ihre Filme auf die Stereoanlage bzw. den Fernseher zu übertragen. Mit den passenden Geräten ist das eine einfache Sache. Und natürlich geht es ohne Kabel.

Eine einfache Variante ist die Bluetooth-Stereoanlage, die Sie mit dem iPhone koppeln. Wenn Bluetooth sowohl auf dem iPhone als auch an der Stereoanlage aktiviert ist, wird die Musik, die auf dem iPhone läuft, auf die Stereoanlage übertragen.

Eine weitere Streaming-Variante ist AirPlay. Die Übertragung erfolgt in diesem Fall an AirPlay-fähige Geräte.

Das Aktivieren von AirPlay passiert im Kontrollzentrum unter dem Symbol (Bildschirmsynchronisierung) bzw. aus den einzelnen Medien-Apps heraus, in der App *Musik* beispielsweise unter dem AirPlay-Symbol.

Es lassen sich Medieninhalte vom iPhone per AirPlay-Funktion auch auf einen Mac streamen.

Hier wird auf einem iPhone die Wiedergabe auf einem MacBook ausgewählt.

Was die AirPlay-fähigen Geräte betrifft, ist allen voran das Apple TV zu nennen, das den Zugriff auf iPhone-Inhalte auch auf dem TV-Gerät ermöglicht. Das Apple TV bietet zusätzlich noch weitere Funktionen wie den Zugriff auf die von Ihnen im iTunes Store erworbenen Artikel und die Möglichkeit, weitere Filme zu kaufen oder auszuleihen. Mit verschiedenen Apps erhalten Sie außerdem Zugriff auf Ihre iCloud-Fotos, auf Podcasts, Netflix, Amazon Prime Video und mehr.

Per Privatfreigabe Musik vom PC aufs iPhone übertragen

Ein Apple TV kann dank Privatfreigabe auch auf die Mediathek auf dem PC zugreifen. Aber das kann auch das iPhone. Hierzu muss die Privatfreigabe zunächst auf dem Computer aktiviert werden (auf einem Windows-PC in der Software *iTunes*, unter macOS in den *Systemeinstellungen*).

In iTunes auf einem Windows-PC klicken Sie dazu in der Menüleiste auf *Datei* und wählen *Privatfreigabe/Privatfreigabe aktivieren*. In den *Systemeinstellungen* auf einem Mac klicken Sie dazu unter *Allgemein* auf *Teilen* und aktivieren bei den Details zu *Medien teilen* das Kontrollkästchen *Privatfreigabe*.

Der Zugriff auf die freigegebene Mediathek erfolgt in der App *Musik* unter dem eingeblendeten Symbol mit den drei Punkten, in der App *TV* greifen Sie auf die freigegebene Mediathek in der Rubrik *Mediathek* zu.

10. Den Onlinespeicherdienst iCloud ideal einsetzen

Eine Reihe der Funktionen von Apples Onlinespeicherdienst iCloud wurde in diesem Buch bereits erwähnt, beispielsweise die geteilte iCloud-Mediathek oder die kostenpflichtigen *iCloud+*-Optionen. In diesem Kapitel möchte ich zum Thema iCloud nachlegen, denn iCloud bietet noch weitere Funktionen – sei es zum Sichern Ihrer Daten, zum Datenaustausch mit anderen Geräten und Personen oder zum Auffinden eines verloren geglaubten iPhones. Die besten Tipps und Tricks dazu finden Sie in diesem Kapitel.

Den iCloud-Speicher jederzeit im Griff

Bei Redaktionsschluss stellte Apple pro Apple Account 5 GB iCloud-Speicherplatz kostenlos zur Verfügung. Wenn Sie iCloud mit mehreren Apple-Geräten nutzen, Ihre Backups hochladen und obendrein noch Ihre Aufnahmen mit iCloud synchronisieren, ist dieser Speicherplatz unter Umständen schnell voll – und mehr Speicher kostet. Deshalb gilt es, von Anfang an wichtige Tipps zu beachten.

Zunächst mal wählen Sie in den *Einstellungen* oben Ihren Benutzernamen und entscheiden dann unter *iCloud*, welche iCloud-Funktionen Sie wirklich benötigen. Besonders beim Hochladen von Aufnahmen – das legen Sie unter *Fotos* fest – sollten Sie, was den Speicherbedarf betrifft, auf der Hut sein. Auch Dateien, die Sie im *iCloud Drive* speichern, können – je nach Art der Dateien – viel Speicher in Anspruch nehmen.

Die anderen Daten wie Kontakte, Kalender, Safari-Daten (Lesezeichen und iCloud-Tabs), Notizen und Co. nehmen nicht viel Speicherplatz in Anspruch, sodass Sie hier rein nach Bedarf entscheiden.

Aufgepasst: App-Inhalte können das iCloud-Backup aufblähen!

In einem iCloud-Backup – Sie aktivieren es in den *Einstellungen*, indem Sie dort Ihren Account wählen und sich dann unter *iCloud* für den Eintrag *iCloud-Backup* entscheiden und den gleichlautenden Schalter auf *Ein* stellen – werden nicht nur Einstellungen gesichert, sondern auch Inhalte, die nach einer Wiederherstellung erneut zur Verfügung stehen sollen.

Wenn Sie nun aber beispielsweise eine Video-App auf Ihrem iPhone installieren und einige Videos darin laden, kann dies dazu führen, dass der iCloud-Speicherplatz rasch belegt ist.

Wählen Sie deshalb aus, welche Daten in das iCloud-Backup aufgenommen werden sollen, und zwar so:

1 Öffnen Sie die *Einstellungen*, wählen Sie Ihren Benutzernamen und dann *iCloud* und tippen Sie anschließend oben auf *Speicher*.

2 Wählen Sie in der folgenden Übersicht den Eintrag *Backups*.

3 Tippen Sie im Abschnitt *Backups* auf das iCloud-Backup Ihres iPhones.

4 Sie erhalten eine Übersicht über die Daten, die im iCloud-Backup gespeichert werden, und zwar sortiert nach der Speichergröße. Deaktivieren Sie den Schalter bei denjenigen Daten, die nicht gesichert

werden müssen – etwa, weil Sie Filme ohnehin schon auf dem PC gesichert haben.

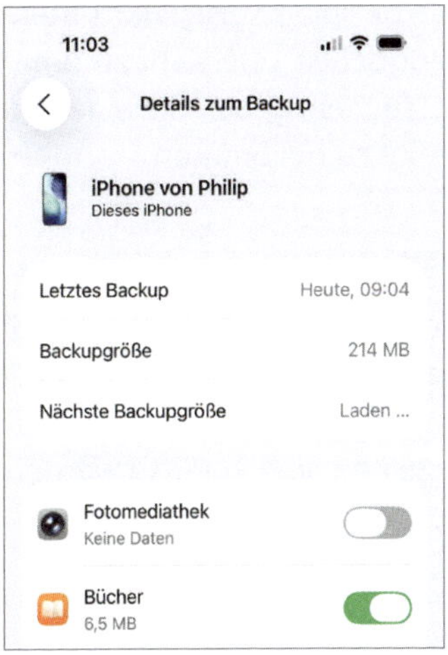

Ein automatisches iCloud-Backup wird übrigens nur durchgeführt, wenn Sie das iPhone ans Stromnetz angeschlossen haben und ein WLAN zur Verfügung steht. Nur am Anfang werden alle Daten hochgeladen, bei weiteren Backups lediglich die jeweiligen Änderungen.

In der Dateien-App mehrere Cloud-Speicher verwalten

Wer seine Dateien bei verschiedenen Cloud-Anbietern auslagert, kann mit der App *Dateien* darauf zugreifen. Voraussetzung ist, dass Sie die jeweilige App des Cloud-Anbieters auf dem iPhone installiert und in der App *Dateien* als Speicherort aktiviert haben. Das Speichern erfolgt jeweils durch die Auswahl der Option *Teilen* bzw. des Symbols ⇪ in einer App und anschließendes Antippen von *In Dateien sichern*.

Um auch bei vielen in der App *Dateien* gespeicherten Dateien schnell die benötigte Datei zu finden, stehen einige pfiffige Funktionen zum Suchen und Verwalten zur Verfügung. Tippen Sie beispielsweise links unten auf *Verlauf*, um die Dateien in einer chronologischen Übersicht zu betrachten. Um nach einer bestimmten Datei zu suchen, geben Sie einen Suchbegriff ein, um passende Dateien angezeigt zu bekommen.

Auf unterschiedliche Speicherorte zugreifen

Möchten Sie von bestimmten Speicherorten auf die Dateien zugreifen, blättern Sie in der Rubrik *Durchsuchen* nach links zur Speicher-Übersicht. Tippen Sie nun rechts oben auf das Symbol mit den drei Punkten und wählen Sie im Menü *Bearbeiten*. Die einzelnen Speicherorte werden Ihnen angezeigt und lassen sich per Fingertipp auswählen.

Bei mehreren Cloud-Speicherorten wählen Sie den gewünschten aus.

Dateien taggen

In der App *Dateien* lassen sich Dateien durch Tags kennzeichnen. Der Vorteil von Tags: Sie können ein und dieselbe Datei mehreren Kategorien zuweisen, ohne ihren Speicherort zu verwenden. Um eine Datei zu taggen, halten Sie diese gedrückt und wählen im Kontextmenü den Eintrag *Tags*.

Ordner erstellen und Dateien hineinbewegen

Auch klassische Ordner lassen sich in der App *Dateien* anlegen, um Ihre Dateien thematisch zu sortieren und einzuordnen. Um einen neuen Ordner auf iCloud Drive zu erstellen, halten Sie eine freie Fläche des Speicherorts gedrückt und wählen im Kontextmenü den Eintrag *Neuer Ordner*. Um eine Datei in den Ordner zu bewegen, halten Sie die Datei am ursprünglichen Speicherort gedrückt, wählen im Menü den Eintrag *Bewegen* und entscheiden sich für den gewünschten Ordner.

Dateien komprimieren

In der App *Dateien* lassen sich mehrere Dateien in einem ZIP-Archiv komprimieren. Dazu wählen Sie die Dateien zunächst aus und tippen dann – in diesem Fall rechts unten – auf das Symbol mit den drei Punkten. Wählen Sie im sich öffnenden Menü den Eintrag *Komprimieren*. Das ZIP-Archiv wird daraufhin prompt erstellt.

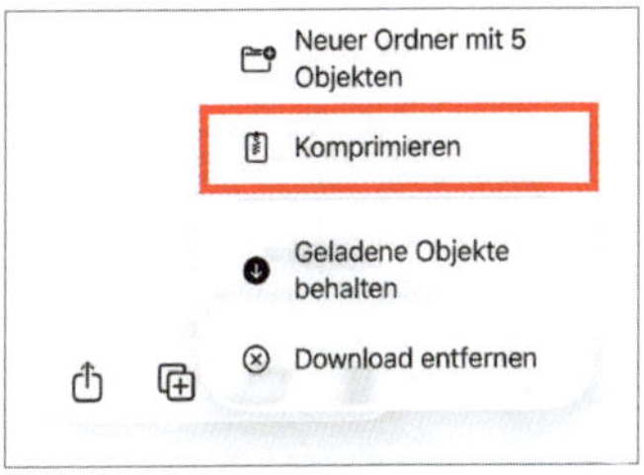

Ein ZIP-Archiv ist zum Beispiel praktisch, wenn Sie mehrere Dateien in einem Dateipaket versenden möchten.

Auf iCloud Drive im Finder bzw. Windows-Explorer zugreifen

Für den schnellen Datenaustausch zwischen Ihrem iPhone und dem PC bietet sich ebenfalls *iCloud Drive* an, wobei Ihnen der gleichlautende Eintrag in der Seitenleiste des Finders auf dem Mac bereits zur Verfügung steht.

Auf einem Windows-PC können Sie diesen Eintrag im Windows-Explorer herzaubern, indem Sie im integrierten Microsoft Store die kostenlose Apple-App *iCloud* herunterladen, sich mit Ihrem Apple Account anmelden und die Option *iCloud Drive* aktivieren.

Im Web auf iCloud-Daten zugreifen

Auf Ihre in iCloud gespeicherten Daten können Sie außerdem von überall her im Webbrowser zugreifen. Hierzu öffnen Sie die Webadresse www.icloud.com und melden sich dort mit Ihrem Apple Account an. Ihnen stehen verschiedene Web-Apps für den Zugriff auf die Daten zur Verfügung. Auch Webversionen der Apps *Pages*, *Numbers* und *Keynote* stehen bereit.

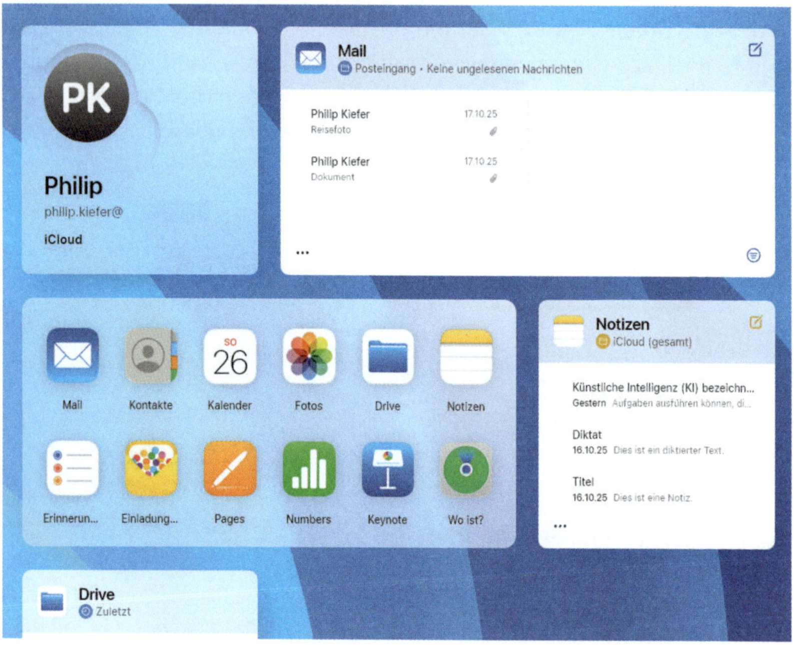

Auch mit Web-Apps können Sie auf Ihre in iCloud gespeicherten Daten zugreifen.

Ihr verloren geglaubtes iPhone übers Internet orten

Was Sie ebenfalls auf der iCloud-Website finden, ist die Web-App *Wo ist?*. Diese erlaubt es, Ihr iPhone übers Internet zu orten – Voraussetzung ist lediglich, dass auf dem iPhone die Option *Mein iPhone suchen* aktiviert ist (hierzu unter *Einstellungen* auf Ihren Benutzernamen tippen und dann

Wo ist? wählen) und dass das iPhone eingeschaltet ist. Natürlich darf es sich auch nicht im Flugmodus befinden.

Die Option *Mein iPhone suchen* bringt den zusätzlichen Vorteil, dass ein iPhone bei aktivierter Option nicht zurückgesetzt werden kann, ohne dass das zum Apple Account gehörende Passwort eingegeben wird. Das schafft zusätzliche Sicherheit.

Zum Orten klicken Sie unter www.icloud.com auf die Web-App *Wo ist?*. Geben Sie noch mal das zu Ihrem Apple Account gehörende Passwort ein. Schon werden Ihnen die georteten Apple-Geräte auf einer Karte angezeigt. Wählen Sie das iPhone in der Geräteliste aus.

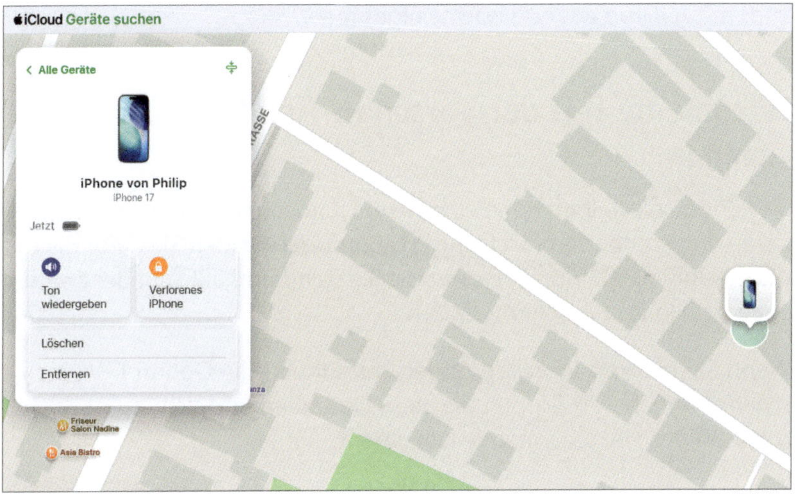

Sie können Ihr iPhone nicht nur übers Internet orten, sondern im Notfall auch löschen.

Es öffnet sich ein Fenster mit mehreren Optionen: um auf dem iPhone einen Signalton wiederzugeben, es aus der Ferne mit einer Code-Sperre zu versehen oder das iPhone im Notfall komplett zu löschen.

11. Tolle Tipps und Tricks zu weiteren Apps und Funktionen

Im letzten Kapitel dieses Buches habe ich noch weitere spannende Tipps und Tricks für Sie gesammelt, die sowohl die Standard-Funktionen als auch die Standard-Apps auf Ihrem iPhone betreffen.

Machen Sie sich etwa mit den in iOS 26 eingeführten neuen Apps *Vorschau* und *Spiele* vertraut oder richten Sie bei einem Wecker die für Sie perfekte Schlummerdauer ein – dies ist nun ebenfalls mit iOS 26 möglich. Verwalten Sie außerdem clever Ihre Kontakte, tauschen Sie Dateien und Infos mit AirDrop aus und noch einiges mehr.

Dokumente mit der Vorschau-App blitzschnell scannen

Sie können die in Ihr iPhone eingebaute Kamera nicht nur zum Fotografieren nutzen, sondern auch zum Scannen. Verwenden Sie dafür die mit iOS 26 eingeführte App *Vorschau*, die Sie standardmäßig auf der zweiten Seite des Home-Bildschirms finden.

Wenn Sie die App *Vorschau* öffnen, wird Ihnen die Option *Dokumente scannen* angeboten. Tippen Sie diese Option an und richten Sie die Kamera auf das einzuscannende Dokument.

Besonders praktisch: Ist die *Shutter*-Funktion aktiviert (Schaltfläche unten), muss zum Einscannen nicht einmal der Auslöser betätigt werden. Mit den weiteren Schaltflächen bestimmen Sie, ob Sie in Farbe, Graustufen oder Schwarz-Weiß einscannen möchten (Schaltfläche *Filters*) und ob Sie den Blitz einsetzen wollen oder nicht (Schaltfläche *Flash*).

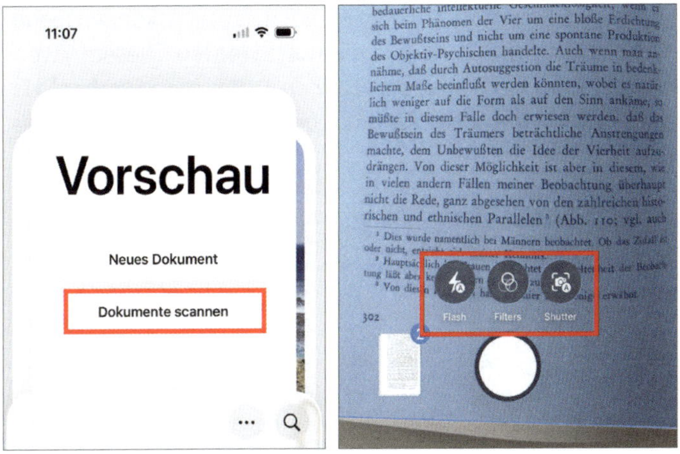

Mithilfe der Shutter-Funktion klappt das Einscannen schnell und komfortabel.

Die von Ihnen eingescannten Dokumente werden zunächst in der App *Vorschau* gespeichert. Sie finden diese in der Rubrik *Durchsuchen*.

Wenn Sie ein Dokument versenden oder in einer anderen App öffnen wollen, wählen Sie bei geöffnetem Dokument das Symbol und entscheiden sich für die gewünschte Option, z. B. das Senden per Mail oder die Übernahme in die App *Notizen*.

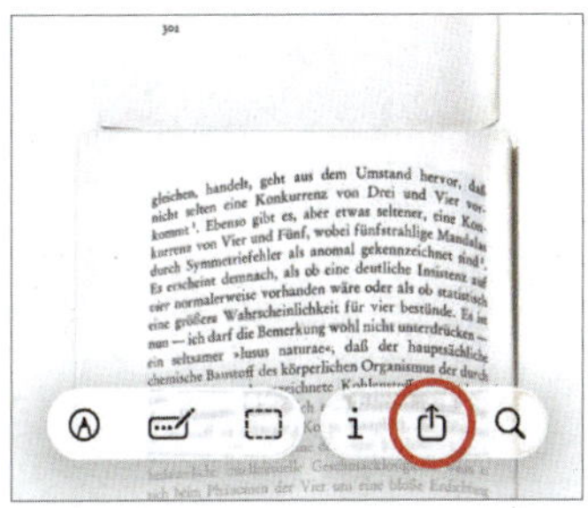

Senden Sie ein eingescanntes Dokument direkt aus der App heraus an eine andere Person oder App.

Spiele verwalten und gemeinsam gamen

Verwenden Sie Ihr iPhone ab und zu auch zum Spielen, finden Sie vielleicht Gefallen an der App *Spiele*, die ebenfalls neu in iOS 26 eingeführt wurde. Greifen Sie darin nicht nur auf die in einem Apple-Arcade-Abo enthaltenen Games zu, sondern auch auf anderweitig installierte bzw. früher einmal heruntergeladene Spiele.

Besonders interessant: Entsprechende Spiele vorausgesetzt, können Freunde zum gemeinsamen Spielen herausgefordert werden. Diesem Zweck dient in der App *Spiele* die Rubrik *Freund:innen*. Unter dem Symbol ▣ laden Sie Freunde ein. Mit der Schaltfläche *Freund:innen herausfordern* messen Sie dann Ihre Kräfte.

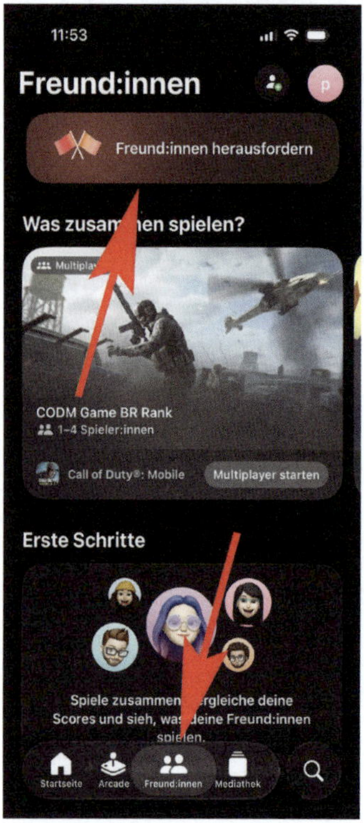

Spiele verwalten und gemeinsam gamen – die neue Spiele-App macht's möglich.

Endlich eine eigene Schlummerdauer einstellen

Wenn Sie vor iOS 26 einen Wecker in der App *Uhr* angelegt haben, war es tatsächlich nicht möglich, die Schlummerdauer anzupassen. Also die Zeit, die bis zum erneuten Wecken vergehen soll, wenn Sie die Schlummertaste drücken. Nun ist das kein Problem mehr: Legen Sie einen Wecker an und aktivieren Sie den Schalter *Schlummern*. Anschließend können Sie eine Schlummerdauer zwischen einer und 15 Minuten festlegen.

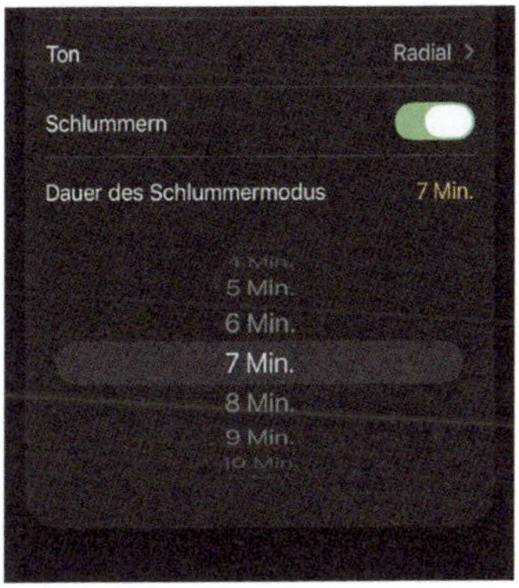

Passen Sie bei einem Wecker in iOS 26 die Schlummerdauer an.

Automatische Berechnungen in Ihren Notizen

Wussten Sie bereits, dass die App *Notizen* auch rechnen kann? Wenn Sie eine Rechenaufgabe mit den gängigen Operatoren eintippen und ein Gleichheitszeichen setzen, wird automatisch die Lösung eingefügt. Bestätigen Sie auf der iPhone-Tastatur mit der Eingabetaste, wenn Sie die automatische Eingabe übernehmen möchten.

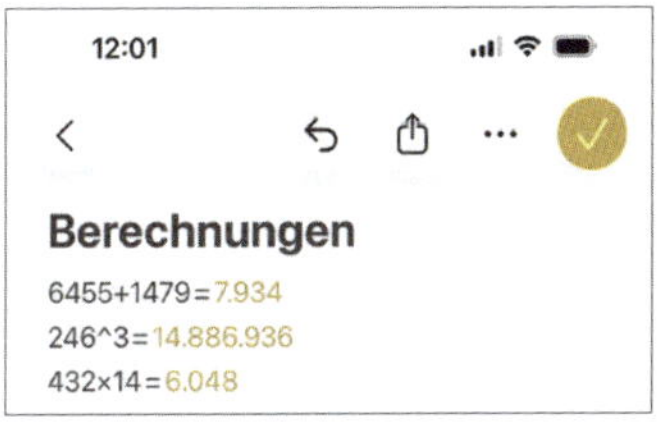

Hier hat die Notizen-App drei Rechenaufgaben korrekt gelöst.

Kontakte und Termine perfekt verwalten

Das iPhone ist nicht nur ein idealer Reisebegleiter, sondern auch der perfekte Organizer. Lassen Sie mich Ihnen auf den nächsten Seiten einige besonders praktische Tipps vorstellen, die Ihnen beim Verwalten Ihrer Kontakte und Termine dienlich sein werden.

Beziehungen definieren

Wenn Sie Siri verwenden, kann es sich anbieten, dem iPhone mitzuteilen, welcher Ihrer Kontakte in welcher Form mit Ihnen verwandt ist. Sie brauchen Siri dann beispielsweise nicht mehr den Befehl »Ruf Margot Mustermann an« zu geben, sondern Sie sagen schlicht: »Ruf meine Schwester an«. Hierzu gehen Sie wie folgt vor:

1 Öffnen Sie die App *Telefon* und wählen Sie *Kontakte* (bzw. öffnen Sie alternativ die App *Kontakte*).

2 Tippen Sie Ihren eigenen Namen an und entscheiden Sie sich rechts oben für *Bearbeiten*.

3 Streichen Sie nach unten und wählen Sie *Zugehörigen Namen hinzufügen*.

4 Tippen Sie auf das blaue Etikett und legen Sie fest, welche Beziehung Sie bestimmen möchten (Mutter, Vater usw.).

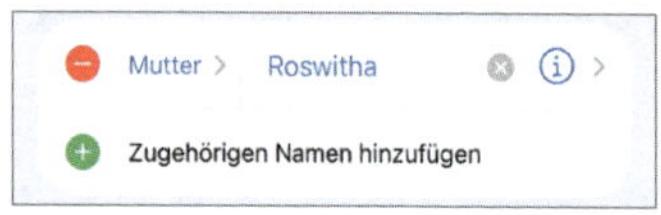

5 Tippen Sie schließlich auf das Symbol ⓘ, um die entsprechende Person aus Ihren Kontakten auszuwählen. Bestätigen Sie mit dem Häkchensymbol ✓.

Doppelte Kontakte verknüpfen

Gerade bei der Synchronisierung mit unterschiedlichen Quellen kann es schnell passieren, dass ein Kontakt doppelt vorliegt. Um zwei Kontakte zusammenzuführen, werden diese auf dem iPhone verknüpft. Tippen Sie bei einem Kontakt dazu wiederum auf *Bearbeiten* und streichen Sie ganz nach unten. Wählen Sie *Kontakte verknüpfen* und suchen Sie anschließend den zu verknüpfenden Kontakt aus Ihren Kontakten aus.

Sortier- und Anzeigereihenfolge in Einklang bringen

Standardmäßig werden die Kontakte auf dem iPhone nach Nachnamen sortiert, jedoch nach Vornamen angezeigt. Sicher bin ich nicht der Einzige, den das irritiert. Die Anzeigereihenfolge lässt sich ganz leicht der Sortierreihenfolge anpassen. Entscheiden Sie sich dazu in den *Einstellungen* für *Apps* und dann für *Kontakte*. Tippen Sie dort auf den Eintrag *Anzeigefolge*. Wählen Sie die Anzeigefolge *Nach-, Vorname*.

Passen Sie die Anzeigefolge in den Kontakten nach Ihren Bedürfnissen an.

Unterschiedliche Kontaktquellen verwalten

Wenn Sie auf Ihrem iPhone mehrere Kontaktquellen nutzen, lassen sich einzelne Quellen aus- und einblenden. Dazu streichen Sie in der App *Telefon* unter *Kontakte* bzw. in der App *Kontakte* vom linken Displayrand nach rechts. Ihnen werden die verfügbaren Kontaktquellen aufgelistet, und Sie können diese durch Antippen ausblenden bzw. wieder einblenden.

Termine noch schneller erstellen

Um einen Termin in der App *Kalender* superschnell zu erstellen, halten Sie einfach ein Kalenderfeld gedrückt. Anschließend geben Sie die Details zum Termin an. Ein Termin lässt sich mit dem Finger auch an eine andere Position ziehen.

Anhang hinzufügen

Möchten Sie einem geschäftlichen Termin eine To-do-Liste hinzufügen? Dazu tippen Sie beim Erstellen eines Termins auf den Eintrag *Anhang hinzufügen* und wählen den Dateianhang anschließend in der App *Dateien* aus.

Standardhinweise festlegen

Damit Sie bei neuen Terminen nicht jedes Mal extra eine Erinnerung festlegen müssen, richten Sie einen Standardhinweis ein, der Ihren neuen Terminen automatisch hinzugefügt wird. Öffnen Sie dazu die iPhone-Einstellungen und wählen Sie unter *Apps* den Eintrag *Kalender*. Tippen Sie anschließend auf *Standardhinweise* und machen Sie Ihre Angaben.

Kalenderwochen einblenden

Besonders für die Arbeitsplanung wichtig: Kalenderwochen. Diese lassen sich in der App *Kalender* einblenden. Aktivieren Sie dazu in den iPhone-Einstellungen unter *Apps/Kalender* die Option *Kalenderwochen*.

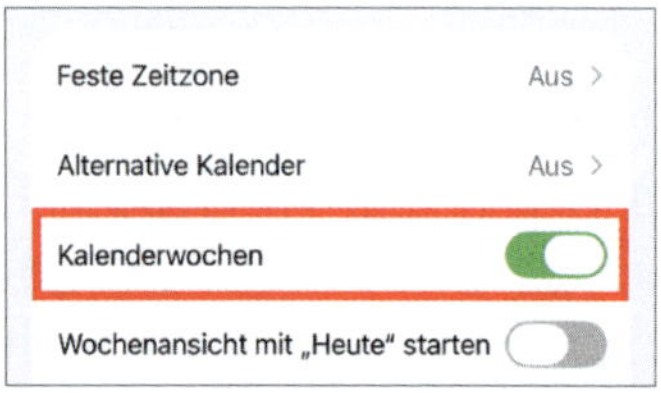

Nützlich bei der Terminplanung: Blenden Sie die Kalenderwochen ein.

Feste Zeitzone nutzen

Das kann auf Reisen nützlich sein: Aktivieren Sie im Abschnitt *Kalender* unter *Feste Zeitzone* die gleichlautende Option, um zu verhindern, dass die erstellten Termine automatisch der jeweils aktuellen Zeitzone angepasst werden.

Wichtige Infos zu Code-Sperre und Face ID

Das iPhone selbst ist schon kostbar, aber noch kostbarer sind die Informationen, die Sie im Lauf der Zeit darauf speichern: Kontakte, Dokumente, Fotos und vieles mehr. Sie sollten Ihr iPhone deshalb unbedingt mit einer Code-Sperre schützen.

Standardmäßig wird Ihnen beim Einrichten des iPhones das Erstellen eines sechsstelligen Codes angetragen.

Noch sicherer ist ein längerer alphanumerischer Code – aber natürlich auch mühseliger zum Merken und Eintippen. Der alphanumerische Code kann neben Ziffern auch Buchstaben und Sonderzeichen beinhalten.

Wenn Sie sich aus Sicherheitsgründen für einen solchen Code entscheiden möchten, gehen Sie dazu folgendermaßen vor:

1 Öffnen Sie die *Einstellungen* und wählen Sie *Face ID & Code.*
2 Geben Sie Ihren bisherigen Code ein.
3 Tippen Sie auf *Code ändern.*
4 Sie werden erneut zur Eingabe des bisherigen Codes aufgefordert; anschließend wählen Sie *Codeoptionen.*
5 Im sich öffnenden Menü entscheiden Sie sich für den Eintrag *Eigener alphanumerischer Code.*
6 Geben Sie zweimal den gewünschten Code ein. Wählen Sie am besten einen Code, der beim Eintippen keine häufigen Wechsel der Tastaturebenen erfordert!

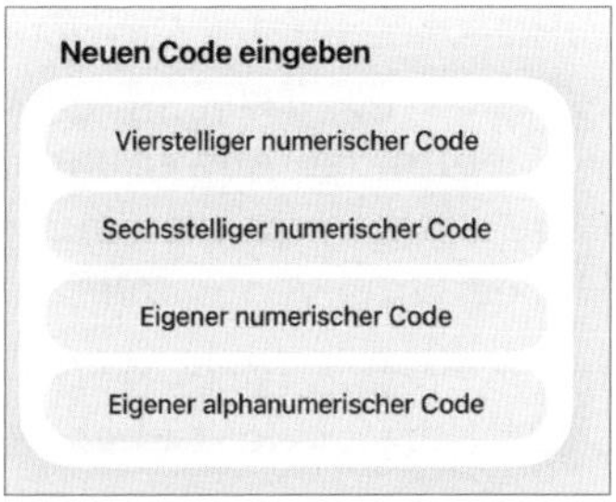

Daten löschen bei zu vielen Fehlversuchen

Ihre Daten sollen lieber gelöscht werden, bevor sie einem Dieb in die Hände fallen? Aktivieren Sie in den *Einstellungen* unter *Face ID & Code* die Option *Daten löschen,* wird das iPhone nach zehn falschen Code-Eingaben zurückgesetzt.

Für die Face ID: alternatives Erscheinungsbild und Face ID mit Maske

Bereits bei der Inbetriebnahme eines iPhones mit Face ID werden Sie zum Einrichten der Face ID aufgefordert. Sie können zusätzlich ein alternatives Erscheinungsbild konfigurieren, um die Gesichtserkennung zu verbessern.

Hierzu wählen Sie in den *Einstellungen* unter *Face ID & Code* die Option *Alternatives Erscheinungsbild konfigurieren.* Folgen Sie anschließend den Anweisungen, um Ihr Gesicht einzuscannen.

Möchten Sie außerdem, dass Ihr iPhone Sie auch dann erkennt, wenn Sie eine Schutzmaske tragen? Dann aktivieren Sie in den *Einstellungen* unter *Face ID & Code* den Schalter *Face ID mit Maske* und folgen wiederum den Anweisungen. Die *Face ID mit Maske* steht allerdings erst ab dem iPhone 12 zur Verfügung.

Alternatives Erscheinungsbild und Face ID mit Maske lassen sich in den Face-ID-Einstellungen konfigurieren.

Aktivieren beim Anheben abschalten

Standardmäßig wird Ihr iPhone automatisch aktiviert, wenn Sie es anheben. Das ist praktisch, um sofort einen Blick auf die Mitteilungen werfen zu können, die auf dem Sperrbildschirm angezeigt werden – dazu braucht es also nicht unbedingt ein iPhone mit Always-on-Display.

Andererseits kostet das Aktivieren beim Anheben zusätzlichen Strom. Wenn Sie die Funktion deshalb lieber abschalten möchten, erledigen Sie das in den iPhone-Einstellungen unter *Anzeige & Helligkeit*. Stellen Sie dort den Schalter *Beim Anheben aktivieren* auf *Aus*.

Per Option *Immer eingeschaltet* lässt sich dort gegebenenfalls auch ein Always-on-Display deaktivieren.

Sorgsam mit dem Apple-Passwort umgehen!

Ich kenne Personen, die jedem das zu ihrem Apple Account gehörende Passwort auf die Nase binden. Das ist schon sehr leichtsinnig, denn Sie wissen ja, was man mit dem Apple Account alles anstellen kann – von der Ortung übers Internet über Einkäufe im App Store bis hin zum E-Mail-Versand vom iCloud-Mail-Account aus.

Das zu Ihrem Apple Account gehörende Passwort sollten Sie deshalb genauso geheim halten wie die zu Ihrer Bankkarte gehörende PIN! Ändern Sie außerdem regelmäßig, beispielsweise einmal im Vierteljahr, Ihr Passwort.

Entscheiden Sie sich dazu in den *Einstellungen* oben für Ihren Benutzernamen, wählen Sie *Anmeldung & Sicherheit* und dann *Passwort ändern*.

Das iPhone zurücksetzen

Wenn das iPhone mal nicht mehr reagieren sollte, führen Sie einen Reset durch, indem Sie zunächst die Lauter-Taste drücken und loslassen, dann sofort die Leiser-Taste drücken und loslassen und schließlich die Seitentaste einige Sekunden gedrückt halten, bis das Apple-Logo erscheint. Das iPhone wird neu gestartet – die auf dem iPhone gespeicherten Inhalte bleiben selbstverständlich erhalten.

Sie können jederzeit auch bestimmte Daten oder sämtliche Inhalte zurücksetzen – Letzteres ist insbesondere dann erforderlich, wenn Sie das iPhone verkaufen oder an eine andere Person weiterreichen.

Die Optionen zum Zurücksetzen finden Sie in den *Einstellungen* unter *Allgemein* und dort unter *iPhone übertragen/zurücksetzen*. Hierzu ein Überblick:

- *Alle Inhalte & Einstellungen löschen:* Mit dieser Option setzen Sie Ihr iPhone komplett zurück, d. h., es wird auf den Werkszustand zurückgesetzt, sämtliche Einstellungen, Apps und Dateien werden gelöscht.

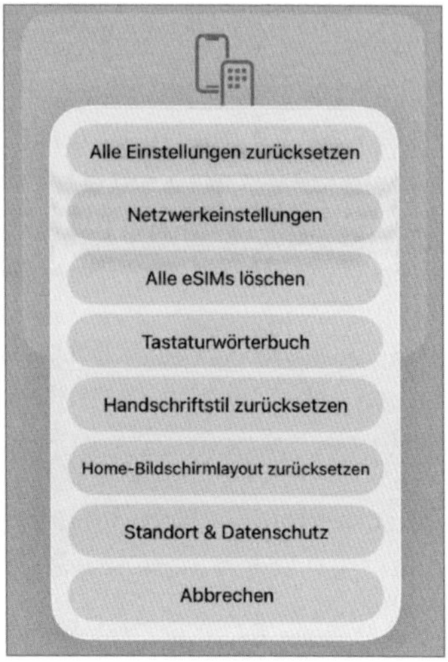

- *Zurücksetzen/Alle Einstellungen zurücksetzen:* Diese Option wählen Sie, um die Einstellungen des iPhones auf den Werkszustand zurückzusetzen. Die auf dem iPhone gespeicherten Apps und Dateien bleiben davon unberührt.
- *Zurücksetzen/Netzwerkeinstellungen:* Wie der Name schon sagt, werden mit dieser Option die Netzwerkeinstellungen gelöscht. Die WLAN-Passwörter müssen nach dem Zurücksetzen neu eingegeben werden.
- *Zurücksetzen/Alle eSIMS löschen*: Verwenden Sie eine oder mehrere eSIMs auf Ihrem iPhone, können Sie diese hier zurücksetzen.
- *Zurücksetzen/Tastaturwörterbuch:* Damit löschen Sie die Daten, die das iPhone durch Ihre Tastatureingaben erlernt hat.
- *Zurücksetzen/Handschriftstil zurücksetzen:* Diese Option setzt einen gegebenenfalls vom iPhone gespeicherten Handschriftstil zurück.
- *Zurücksetzen/Home-Bildschirmlayout zurücksetzen:* Mit dieser Option erhalten Sie den Home-Bildschirm zurück, der Ihnen nach der Inbetriebnahme Ihres iPhones angezeigt wurde. Dies betrifft aber nur die Anordnung der Apps, die von Ihnen installierten Apps werden nicht gelöscht.
- *Zurücksetzen/Standort & Datenschutz:* Machen Sie mit dieser Option alle im Zusammenhang mit dem Standortzugriff und Datenschutz getätigten Freigaben rückgängig.

A

B

I

K

L

R

S

Z